21世纪高职高专国家示范院校物流管理专业工学结合系列教材

物流市场开发

WU LIU SHI CHANG KAI FA

主　编：张　梅　莫少红
副主编：韦嘉嘉　李万青　胡卫东

华南理工大学出版社
·广州·

图书在版编目(CIP)数据

物流市场开发/张梅，莫少红主编.—广州：华南理工大学出版社，2011.1（2015.1重印）
（21世纪高职高专国家示范院校物流管理专业工学结合系列教材）
ISBN 978-7-5623-3400-2

Ⅰ.物… Ⅱ.①张… ②莫… Ⅲ.①物资市场－市场营销学－高等学校：技术学校－教材 Ⅳ.①F252.2

中国版本图书馆CIP数据核字（2011）第015638号

总 发 行：华南理工大学出版社（广州五山华南理工大学17号楼，邮编510640）
营销部电话：020－87113487 87111048（传真）
E-mail：scutc13@scut.edu.cn **http**：//www.scutpress.com.cn
责任编辑：吴兆强
印 刷 者：广州市穗彩印务有限公司
开 本：787mm×1092mm 1/16 **印张**：11.5 **字数**：295千
版 次：2011年1月第1版 2015年1月第3次印刷
印 数：3 501～5 500册
定 价：22.00元

"21世纪高职高专国家示范院校物流管理专业工学结合系列教材"

编 委 会

企业专家委员会：

徐隆久（东莞市威特隆仓储设备有限公司总经理）
姜世建（北京易通交通信息发展有限公司 IT 事业部经理）
邵清东（北京络捷斯特科技发展有限公司总经理）
申　昊（深圳市中海资讯科技有限公司教育项目经理）
薛　原（广州微智科技有限公司总经理）
李智杰（广州市智成计算机科技有限公司总经理）
任其林（广西大泽联合商贸有限责任公司副总经理）

参编院校名单：

广东轻工职业技术学院（国家示范性院校）
南宁职业技术学院（国家示范性院校）
南京工业职业技术学院（国家示范性院校）
番禺职业技术学院（国家示范性院校）
广东经济管理学院
广东工程职业技术学院
广东岭南职业技术学院
广东技术师范学院天河学院
东莞南博职业技术学院
湖南科技职业技术学院

前　言

目前，我国物流企业得到了快速发展，迎来了前所未有的发展机遇，同时也面临着竞争日益剧烈的挑战。如何开辟新的市场领域，提高企业的市场份额，巩固已有客户，发展新客户，成为所有物流企业亟待解决的问题。

本教材借鉴德国“双元制”职业教育模式，引入德国职业教育“行动导向”理念，根据物流企业市场开发部的主要工作过程设置教学内容，结合高职教育特点，设计贴合实际工作的实战训练，让学生边学边做、边做边学，掌握物流企业市场开发的具体操作，使其所学知识与技能与物流企业市场开发岗位要求密切吻合。

本教材是国家示范性高等职业院校南宁职业技术学院的重点建设课程，是高职高专物流管理专业基于工作过程导向的工学结合系列教材之一。

本教材创新点：

第一，根据物流企业市场开发部的主要工作过程对学习内容进行编排，学生在学习的过程中，根据物流企业市场开发的流程一步一步地学习与训练，学生所学知识和技能与物流企业市场开发部的岗位要求完全一致。

第二，以任务为驱动，坚持知识、能力、素质协调发展，突出专业操作能力的训练。每一重要阶段，都设计与之相符合的实战训练，让学生在团队中学与做，既培养学生的职业能力，也对其职业素质进行充分的锻炼，促使学生综合素质的全面发展，使其更符合物流企业用人的需求。

第三，体例鲜活，贴近高职生实际。教材体例新颖，图文并茂，突出实战性，增强趣味性。每个学习情境由任务描述、案例呈现、案例研讨、实战训练和重点回顾构成，在教材内容中适时加入小贴士、小提示等，增加学生学习的兴趣。

本教材由首批高职高专国家示范院校南宁职业技术学院张梅副教授、莫少红老师担任主编，负责教材的结构与体例的架构、部分章节的撰写及全文的统稿与修订，副主编由南宁职业技术学院韦嘉嘉老师、胡卫东副教授、柳州师范高等专科学校高级经济师李万青副教授和广西交通职业技术学院杨军老师担任，全文由李俊强教授主审。整个教材编写团队具有丰富的物流企业一线操作经验，与区域物流企业保持着紧密的联系与合作，熟悉物流企业市场开发的整个过程。

本书在编写过程中参阅并引用了大量的文献资料，我们对原作者表示由衷的感谢，书中难免遗漏而未注明出版之处，敬请见谅。同时，本教材的顺利编写与出版，得到了南宁职业技术学院教务科研处周旺处长的大力支持与指导，也得到2009年广西壮族自治区教育厅新世纪教改项目《基于业务流程的高职物流专业建设研究与实践》（项目编号：2009C125）、2008年新世纪教改项目《基于工作过程导向的高职物流管理专业课程开发的研究与实践》（项目编号：2008B103）及2010年广西壮族自治区教育厅新世纪教改项目《基于工作过程为导向的高职"现代物流基础"课程内容设计与实践教学创新》（项目编号：2010JGA131）的支持，在此一并表示感谢！

本书正在制作教学课件，制作好之后可以提供给教学的教师，届时请需要的教师与华南理工大学出版社吴兆强联系：QQ362992115。

编　者

2010年11月

目 录

模块一 物流市场分析

模块二 物流企业营销策略选择

模块三 物流客户开发

模块一　物流市场分析

任务一　认知物流市场

【任务描述】

- 了解国内外物流行业发展历程和动态；
- 掌握我国主要物流区域的分布和特点；
- 能够准确分析我国现行物流企业的主要运营模式。

【案例呈现】

UPS 的中国市场开发战略

2010 年 5 月 18 日，原本设在菲律宾克拉克的 UPS 亚太转运中心正式迁往深圳。UPS 深圳亚太转运中心的成立，标志着 UPS 在中国市场开发战略取得实质性突破。

UPS 快递（UPS Express）通用中文名为联合包裹公司，是全球快递行业四大巨头之一，另三家分别是中外运敦豪（DHL）、联邦快递（FEDEX）、荷兰天地快运（TNT）。1907 年美国人吉米·凯西创立了联合包裹公司，如今已发展成为拥有 497 亿美元资产的一家全球性公司，其商标是世界上最知名、最值得景仰的商标之一。

中国在 1978 年开始实行改革开放，UPS 以与时俱进的精神一直致力于中国市场的开发。1988 年与中国外运集团签订了合作协议，1996 年 6 月获准在中国成立第一家合资企业。2001 年 UPS 抓住中国加入 WTO 的机遇，货机实现首次直飞中国。UPS 利用公共关系开发中国市场最成功的举措则是成为北京 2008 年奥运会的首家赞助商。

2005 年 12 月 18 日开始，我国实现加入 WTO 时的承诺，国内快递市场对外商独资企业正式开放，UPS 在中国的市场开发进程突飞猛进。2007 年 8 月 9 日，UPS 位于上海浦东国际机场的国际航空转运中心正式破土动工；2008 年 10 月 24 日，UPS 深圳亚洲转运中心破土动工；2008 年 12 月 9 日，UPS 在上海正式启用全新国际转运中心；2010 年 5 月 18 日，UPS 深圳亚太转运中心正式启用，原来设在菲律宾克拉克的 UPS 亚太转运中心随即关闭。UPS深圳亚太转运中心占地面积89 000 m^2，是菲律宾克拉克空运基地转运中心的5倍，是UPS在亚洲地区最大的转运中心，其货物分拣能力将达到每小时18 000件，可弹性扩展至每小时36 000件。

UPS亚太转运中心正式迁往深圳，表明其在中国的市场开发战略取得决定性的胜利。与此同时，联邦快递等国际巨头也完成了中国市场阶段性开发战略。联邦快递已经将其亚太转运中心从菲律宾转移到了广州。2009年1月30日，敦豪快递公司（DHL）终止在美国国内客户之间的包裹快递业务，中国一跃成为DHL全球业务量最大的市场。联邦快递集团（FEDEX）、联合包裹运送服务公司（UPS）、敦豪国际公司（DHL）和天地公司（TNT）四大快递公司，目前占据中国国际快递业务80%的市场份额。截止到2009年第一季度，四大巨头占据我国国内快递市场的份额也接近30%，其下一步市场开发战略将是一场没有硝烟的蚕食鲸吞国内市场的战役。

【案例研讨】

1. 如何看待20年来UPS开发中国市场的不懈努力？

2. 如果你是广西南宁一家经营快递业务的中型物流公司，你在制定公司“十二五发展战略规划”时，怎样应对UPS等国际快递公司下一步在内地的扩张和竞争？

【任务实施】

作为第三利润源的现代物流市场，是一座蕴藏着无限商机和财富的金矿，机会和成功永远属于那些能把握市场机遇、审时度势、勇于进取的公司。当中国物流市场还是不毛之地的时候，UPS就预测到未来中国巨大的发展潜力，全力以赴进入中国物流市场。市场拓展过程中，UPS没有急于求成，而是步步为营，以技术、服务、品牌、公关等利器，牢牢抓住第一次中国对外开放政策的契机，最终在中国物流市场抢得先机，雄霸中国快递市场的高地。

小提示

> 成功开发物流市场的先决条件不仅仅是丰富的资源和资金，而需要审时度势的眼光和勇于开拓的能力。

因此，作为南宁一家经营快递业务的中型物流公司，在制定公司“十二五发展战略规划”如何应对UPS等国际快递公司扩张和竞争的问题时，首先要对整个物流市场有一个全面的认知，充分了解现行国内外、本地区、本行业物流市场的发展现状及前景，分析可能面对的竞争对手的优势，结合自身具备的资源，分析自身的优势、劣势和机会等，最终确定自己的核心竞争能力和发展策略。

物流市场认知主要包括：

（1）物流行业发展的现状。

（2）物流区域的分布及特征。

（3）物流企业的主要运营模式。

1.1　物流行业发展的现状

西方发达国家的物流业经过近百年的发展，物流基础设施和技术不断完善和提高，物流成为经济繁荣和社会发展强有力的推动剂。我国物流发展起步晚，物流设施不全，技术落后，物流企业缺乏国际竞争力，整个物流业面临着升级换代的紧迫任务。

1.1.1　国外物流发展进程

一般来说，国外发达国家的物流发展可以划分为以下四个阶段：早期阶段、萌芽阶段、综合物流阶段、供应链管理阶段。

1. 早期阶段

1915年，阿奇·萧在《市场流通中的若干问题》一书中提到物流一词。这时的物流指的是在销售过程中的物流。20世纪20年代，美国著名的营销专家斐莱德·E·克拉克在《市场营销的原则》一书中真正把物流活动提升到理论高度进行讨论与研究，Physical Distribution一词也与物流联系起来。1935年，美国销售协会对物流进行了进一步的阐述："物流是包含于销售之中的物质资料和服务在从生产场所到消费场所的流动过程中所伴随的种种经济活动。"

2. 萌芽阶段

在二次世界大战期间，物流对于盟军的胜利起到了关键的作用，在当时被称为后勤管理（Logistics Management）。二战后，Logistics的运作方法及理念在企业中被广泛采用，又有商业后勤、流通后勤的提法，这时的后勤包含了生产过程和流通过程中的物流，因而是一个包含范围更广的物流概念。

3. 综合物流阶段

1962年，著名管理大师彼德·德鲁克（Peter Druker）在《财富》杂志上发表了题为《经济领域的黑暗大陆》的文章。这篇文章首次提出物流领域的潜力，具有划时代的意义。物流成为了企业的"第三利润源"，物流管理正式进入企业管理视域。不久，人们又认识到原材料这部分的物流也同样存在巨大潜力，并且产品物流与原材料物流可以综合起来，大大改进了对物流系统的管理。

4. 供应链管理阶段

日本在20世纪50、60年代引入"物流"，全面推动了日本生产经营管理的发展。物流革新思想不仅渗透到了产业界，同时还渗透到了整个日本社会。到了20世纪70年代，日本物流的发展进入了世界领先行列。1985年美国物流管理协会正式将物流管理名称由National Council of Physical Distribution Management更名为Council of Logistics Management，从而标志着现代物流理念的确立。与此同时，随着科学技术的发展、政策的放开、竞争的加剧，现代物流管理思想进一步发展，一体化物流管理的思想逐步形成。

直至20世纪90年代，人们又提出了供应链管理的概念。自此，物流管理逐渐扩大到整个供应链范围。

小提示

物流是供应链运作中，以满足客户要求为目的，对货物、服务及相关信息在原产地和销售地之间实现高效率和低成本的正向和反向的流动和储存所进行的计划、执行和控制的过程。（美国物流管理协会2001年对“物流”的定义）

物流（Logistics）是指物品从供应地向接收地的实体流动过程。根据实际需要，将运输、储存、搬运、包装、流通加工、配送、信息处理等基本功能实施有机结合。（我国2006年修订的国家标准《物流术语》对“物流”的定义）

供应链是围绕核心企业，通过对信息流、物流、资金流的控制，从采购原材料开始，制成中间产品以及最终产品，最后由销售网络把产品送到消费者手中的将供应商、制造商、分销商、零售商、直到最终用户连成一个整体的网链结构和模式。它是一个范围更广的企业结构模式，包含所有加盟的节点企业，从原材料的供应开始，经过链中不同企业的制造加工、组装、分销等过程直到最终用户。美国埃森哲公司经研究证实，美国实施供应链管理可使运输成本下降5%～15%，库存成本下降10%～30%，整个供应链运作成本下降10%～25%，企业订单处理周期缩短35%。

市场上只有供应链而没有企业，21世纪的竞争不是企业和企业之间的竞争，而是供应链和供应链之间的竞争。西方发达国家的物流已进入供应链时代，物流真正成为带来巨大财富的“第三利润源”。

1.1.2 现代物流在我国的发展

现代物流的概念大概在20世纪70年代开始引入我国。1979年6月，我国物资工作者代表团赴日本参加第三届国际物流会议，在考察报告中第一次引用“物流”这一术语，当时物流在我国并没有得到广泛的应用。1989年4月在北京召开的第八届国际物流会议结束后，“物流”一词才在我国推广开来，而对物流管理的概念及理论的研究始终不够深入和系统。从整个物流在我国的发展过程来看，我国的现代物流发展历程大体上可以分为以下4个阶段。

1. 初期发展阶段（1949—1965年）

这个阶段新中国成立时间不长，物流的发展只是刚刚起步，在一些生产和流通部门开始建立数量不多的储运公司和功能单一的仓库，搬运和仓储环节比较落后。在这一时期随着生产的发展，初步建立了物资流通网络系统。

2. 停滞阶段（1966—1977年）

1966年开始持续10年的“文革”动乱，这期间我国物流基础设施基本上没有新的发展，甚至连原来的一些物流设施也遭到了不同程度的破坏。物流理论和物流实践基本处于停顿状态。

3. 较快增长阶段（1978—1990 年）

随着我国改革开放，物流业得到了较快发展，取得了显著的成绩，尤其是物流业中的运输业、仓储业、包装业的发展，不仅增加了物流基础设施，而且提高了物流技术装备水平。中国物资流通学会 1989 年 4 月在北京成功承办了第八届国际物流会议，对我国物流业发展起到了促进作用。物流学作为一门独立的学科正式确立。

4. 高速增长阶段（1991 年以后）

我国在“八五”规划中明确地把发展第三产业，特别是物流业作为重点。随着我国加入 WTO 和物流市场的对外开放，国外先进的供应链管理方式逐渐进入我国生产和物流领域，我国物流业开始逐渐成熟和繁荣起来。2006 年 3 月，十届全国人大四次会议通过《国民经济和社会发展第十一个五年规划纲要》，把“大力发展现代物流业”单列一节。这是现代物流业首次作为一个专门的行业，被列入我国国民经济与社会发展规划纲要。2009 年 3 月 10 日，国务院印发了关于《物流业调整和振兴规划》的通知，把现代物流产业列为应对当前国际金融危机、促进产业结构调整、转变经济发展方式和增强国民经济竞争力的 10 大产业之一。

尽管如此，我们也应清醒地认识到，同发达国家相比较，无论从企业内部物流管理的水平还是从社会物流标准化和国际化作业的效率来看，我国目前的物流状况总体还处于发展过程的起步阶段，我国物流与全球物流的链接和融合，还有相当长的路要走。

1.1.3　我国物流行业发展的整体状况

一般用社会物流总费用与 GDP 的比率来衡量一个国家物流业发达的程度，日本这个数值是 10% 左右，美国等国甚至低于 8%。1998—2008 年 11 年间，我国社会物流总费用与 GDP 的比率平均为 18.67%（参见图 1－1），说明我国物流运行质量不高，物流成本太大，严重浪费了宝贵的自然资源和社会资源，使我国在经济高速增长的同时付出了巨大的社会成本和资源成本。这 11 年间，我国每实现 100 元 GDP 就要付出 18.67 元的物流成本。按 2008 年 GDP 总量 300 670 亿元计算，我国物流成本占 GDP 的比重每降低 1 个百分点，可以减少支出 3 006 亿元，如果我国能接近发达国家的平均物流成本（物流成本占 GDP 的 10%），就会带来近 3 万亿元的经济效益，几乎是我国 2008 年财政收入的 48.9%（参见图 1－2）。

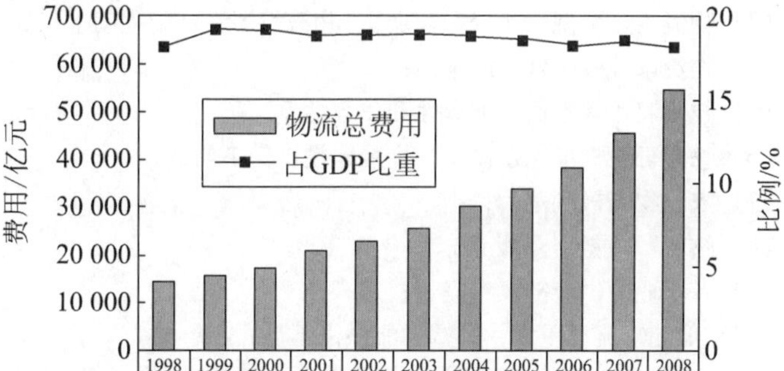

	1998	1999	2000	2001	2002	2003	2004	2005	2006	2007	2008
物流总费用(亿元)	14407	15524	16902	20618	22741	25395	30002	33800	38414	45406	54542
占GDP比重(%)	18.1	19.2	19.1	18.8	18.9	18.9	18.8	18.6	18.3	18.4	18.1

图 1－1　1998—2008 年我国物流总费用与 GDP 的比例

由此可见，我国物流行业发展的整体水平与全球物流行业的发展状况相比还有相当大的差距。

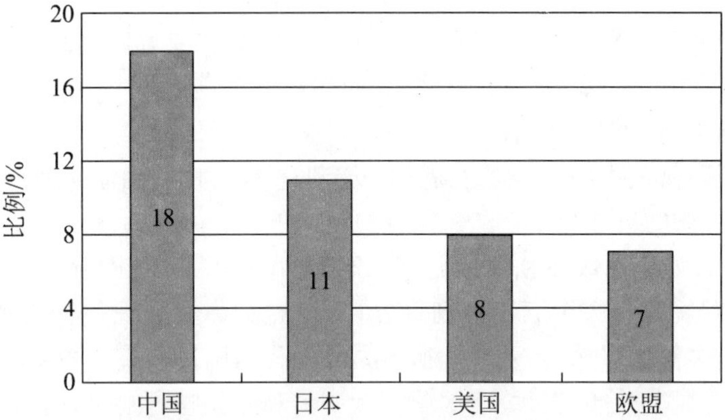

图 1－2　部分国家和地区 2006 年物流成本占国内生产总值的比重

目前，我国物流行业发展势头很猛，但从客观上来讲，还存在着许多问题，如表 1－1 所示。

表 1－1　我国物流行业发展整体状况

发展状况	具 体 表 现
发展势头	（1）物流需求快速上升，增幅明显高于经济增长； （2）物流基础设施建设规模迅速扩大、技术装备发展初具规模； （3）社会货运量持续增加，物流市场发展潜力巨大； （4）物流企业有了很大的发展，技术装备水平迅速提高； （5）第三方物流发展方兴未艾； （6）物流教育培训体系正在形成； （7）奥运、世博会等提供良好的物流发展机遇； （8）政府重视程度提高
存在问题	（1）我国物流成本居高不下，物流成本占 GDP 比例较高，下降较为缓慢； （2）物流技术水平不高，物流基础设施需要进一步完善； （3）物流企业呈现“小、散、弱”，物流发展在一定程度上仍处在粗放扩张阶段； （4）物流系统效率低、成本高； （5）技术装备水平低、配套性和兼容性差； （6）物流行业标准化建设差，标准建设徘徊不前； （7）农村物流极端落后； （8）物流“冷链”不发达； （9）各行业的供应链没有完善； （10）低端物流比重大，高端物流供需不足； （11）现代物流人才严重缺乏； （12）政府管理体制没有理顺，存在一定的管理体制和机制障碍

小提示

目前我国的纯货机数量仅为29架，其中中国邮政航空有14架货机，民营物流企业只有顺丰快递购置了几架运送飞机。而联邦快递在全球却拥有600多架运输飞机。

1.1.4 外资物流企业在中国扩张的战略步骤

我国的物流企业还停留在以供应、运输、仓储为元素的传统物流阶段，少数物流企业进入以配送和第三方物流系统设计为特征的综合物流阶段，西方发达国家却全面进入了供应链管理阶段。1984年4月，FEDEX（联邦快递）率先与代办商在我国开展速递业务，拉开了国外物流巨头进入我国的序幕。经过26年的努力，国外物流企业逐步抢占了我国物流战略制高点，这个战略过程分为战略试探、战略发展、战略整合、战略进攻四个阶段（表1－2）。

表1－2 国外物流企业进驻我国物流市场阶段及特点

阶段	时间/年	标志事件	特点及结果
战略试探	1984—1996	以联邦快递（FedEx）为领头羊，德国敦豪公司（DHL）于1986年、荷兰天地物流（TNT）于1988年、美国联合包裹（UPS）于1988年、丹麦马士基（Mearsk）于1999年相继来中国开办业务，采用代办、合资的方式，试水中国物流产业	这阶段因为市场准许和限制，国外物流企业对华业务进程缓慢，但积蓄了经验和力量
战略发展	1997—2004	以1997年日本、英国等物流公司进驻中国为起点。这个阶段有两个要素成就了国外物流企业在中国的飞速发展，一是国外500强企业大多数落户中国，国外物流企业随之跟进；二是我国加入了WTO，国外物流企业在中国开花结果的环境成熟了	这个阶段，国外物流企业开始垄断中国高端物流领域，包括国际快递、航运物流和进入中国的国外制造企业、餐饮企业释放的物流业务，如汽车物流、特种钢材物流、物流系统设计和供应链整合等
战略整合	2005—2009	以中国物流业全面对外开放为标志，国外物流企业如虎添翼，依靠雄厚的资金以独资、并购、加盟等方式加速网点扩张，迅速在全国范围内形成竞争力超强的网络	外商不但占据了快递、高端制造业配送等业务，而且开始投资港口、空港、园区、配送中心等物流基础设施和命脉。我国物流业迎来国际化新时代，但面对国外物流巨头的汹涌来势却无招架之力

续上表

阶段	时间	标志事件	特点及结果
战略进攻	2010—	金融危机和油价上升使国内低端物流企业纷纷破产，国内物流产业不太景气，但没有阻滞国外物流巨头进攻的步伐，反而带给其千载难逢的机遇	国外物流企业依靠雄厚的财力，完善的管理，先进的设施，健全的网络，对国内物流企业展开战略进攻

事物都有两面性，外资物流扩张给我国物流产业带来安全问题的同时，对我国物流业也带来了积极影响。

1. 促进我国物流产业升级，增强我国物流竞争能力

外资物流企业的资金和技术，加强了我国的物流基础设施建设，给我国物流产业升级带来客观上的上升通道。如日本三井和宝钢、武钢、鞍钢合作，建立了全国范围内的钢材加工配送网络，使我国庞大而散乱的钢铁物流走向协整；普洛斯等新型物流产业基本完成了在中国的布局，将中国物流园区建设推上一个新世纪。

2. 加速了国内物流业市场化进程，完善了我国物流管理机制

外资物流的进入，直接催发我国物流业从传统储运领域剥离开来，逐渐形成独立的社会化的物流市场和物流产业。

3. 促进了我国本土物流企业管理水平的提高

外国物流企业输入资金、先进技术、设备，也输入了先进的物流理念、运作模式、管理经验、人才培养机制，对我国本土物流企业发展起到很强的示范作用，直接或间接地提高了全行业的物流管理水平。

小提示

美国工程研究院认为："一国的国际竞争能力就是能够生产和提供经得起国际市场考验的商品和服务，同时维持和提高其公民实际收入的水平。"

由于我国各级政府、广大工商企业以及社会各界对物流管理的极大热情和广泛关注，今后，我国物流行业必将得到快速发展，我国物流业的国际竞争力水平也将得到全面快速的提高。

【实战训练1－1】

分析我国物流行业发展现状

训练目标：和国外物流行业对比，了解我国物流行业发展的现实问题。

训练内容与要求：

（1）教师事先讲解国外发达国家的物流进程和我国物流的整体状况；

(2) 组织学生调查学校所在城市的物流园区、主要物流企业、行业状况；

(3) 要求学生在进行实地调查的基础上，分析并写出学校所在城市的物流行业发展现状分析报告；

(4) 召开班级讨论会，分析该区域物流行业的优势、存在的问题及发展建议。

1.2　我国物流区域的分布及特征

1.2.1　我国九大物流区域的分布

由于我国地域辽阔，地区经济发展不平衡，东部沿海地区历史上经济发达且改革开放较早，经济发展快，基础设施完善，物流需求比较旺盛，提供物流服务的企业较多，物流发展水平高，短时间内能实现物流现代化；而中西部地区由于经济水平、区位条件、历史因素、国家经济政策等原因，物流业发展水平低，发展物流业的难度较大，使我国在全国范围内出现物流业发展的东、中、西区域差异。

2009年4月24日，国家发展和改革委员会正式发布《物流业调整和振兴规划》，规划提出重点发展九大物流区域，建设十大物流通道和一批物流节点城市（参见图1-3）。重点物流区域的划分，是根据市场需求、产业布局、商品流向、资源环境、交通条件、区域规划等因素决定的，意在优化我国物流业的区域布局。

小提示

重点物流区域的划分，是根据市场需求、产业布局、商品流向、资源环境、交通条件、区域规划等因素决定的，意在优化我国物流业的区域布局。

为配合九大物流区域的建设，国家战略性部署十大物流通道，以进一步联结和理顺各区域的物流设施网络。

此外，国家确定了在物流区域和物流通道内建立一批物流节点城市。物流节点城市分为全国性物流节点城市、区域性物流节点城市和地区性物流节点城市。全国性和区域性物流节点城市由国家确定，地区性物流节点城市由地方确定。

广义的物流节点（Logistics Nodes）指所有进行物品中转、集散、储运、配送的物流枢纽区，包括河海港口、空港、铁路货运站、公路枢纽、大型社会化仓库及物流配送中心、物流园区等，在物流系统中具有衔接功能、信息传递功能、管理功能和资源整合功能。《物流业调整和振兴规划》部署了全国性的物流节点城市组成的网链结构，形成全国性、区域性和地区性物流中心和三级物流节点城市网络，用以促进区域产业集聚、优化区域交通和生态环境，推动区域甚至全国产业经济与现代物流的联动发展。部署中的全国性物流节点城市共21个，区域性物流节点城市共有17个（见表1-3）。

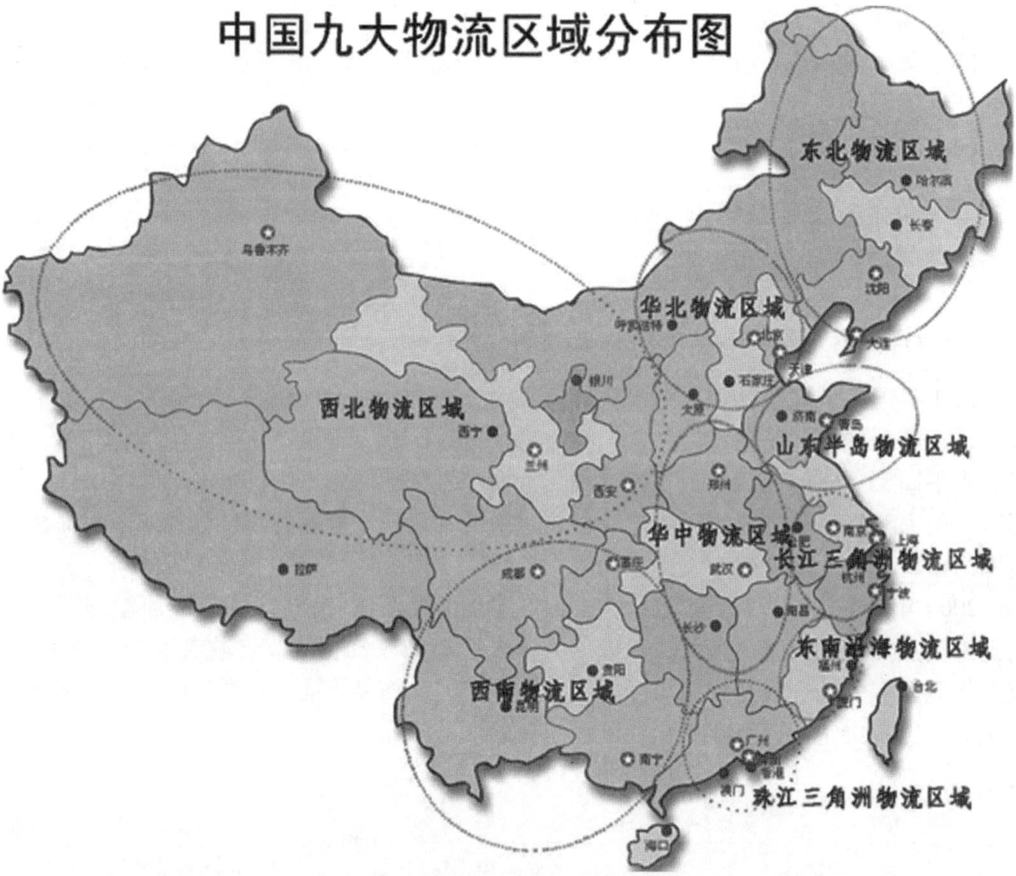

图 1－3　我国九大物流区域分布图

⭘—全国性物流节点城市；　●—地区性物流节点城市

表 1－3　我国九大物流区域、十大物流通道及全国性物流节点城市

我国九大物流区域分布	（1）以北京、天津为中心的华北物流区域； （2）以沈阳、大连为中心的东北物流区域； （3）以青岛为中心的山东半岛物流区域； （4）以上海、南京、宁波为中心的长江三角洲物流区域； （5）以厦门为中心的东南沿海物流区域； （6）以广州、深圳为中心的珠江三角洲物流区域； （7）以武汉、郑州为中心的中部物流区域； （8）以西安、兰州、乌鲁木齐为中心的西北物流区域； （9）以重庆、成都、南宁为中心的西南物流区域
十大物流通道	（1）东北地区与关内地区物流通道； （2）东部地区南北物流通道； （3）中部地区南北物流通道； （4）东部沿海与西北地区物流通道；

续上表

十大物流通道	（5）东部沿海与西南地区物流通道； （6）西北与西南地区物流通道； （7）西南地区出海物流通道； （8）长江与运河物流通道； （9）煤炭物流通道； （10）进出口物流通道
全国性物流节点城市	北京、天津、沈阳、大连、青岛、济南、上海、南京、宁波、杭州、厦门、广州、深圳、郑州、武汉、重庆、成都、南宁、西安、兰州、乌鲁木齐共21个城市
区域性物流节点城市	哈尔滨、长春、包头、呼和浩特、石家庄、唐山、太原、合肥、福州、南昌、长沙、昆明、贵阳、海口、西宁、银川、拉萨共17个城市

物流节点城市主要根据本地的产业特点、发展水平、设施状况、市场需求、功能定位等，完善城市物流设施，加强物流园区规划布局，有针对性地建设货运服务型、生产服务型、商业服务型、国际贸易服务型和综合服务型的物流园区，优化城市交通、生态环境，促进产业集聚，努力提高城市的物流服务水平，带动周边所辐射区域物流业的发展，形成全国性、区域性和地区性物流中心和三级物流节点城市网络，促进大中小城市物流业的协调发展。

小提示

我国新物流区域的划分，有两个明显的意义：（1）明确了九大区域，特别是东、中、西部物流发展的不同要求，东部要在全国率先做强；中部要提升物流产业水平，承东启西，贯通南北；西部要加强基础设施建设，改善环境，缩小与东部差距。（2）坚决打破行业垄断、地区封闭，强调全国一盘棋，优化组合全国资源，形成社会化大物流。

1.2.2　我国九大物流区域分布的特征

表1－4为我国九大物流区域的范围及分布特点。

表1－4　我国九大物流区域的范围及分布特点

物流区域	区域范围	全国性物流节点城市	区域性物流节点城市	中心区域特点
1. 华北物流区域	北京、天津、河北、山西、内蒙古	北京、天津	包头、呼和浩特、石家庄、唐山、太原	以空港、海港为基础的物流业比较发达，天津港保税区已形成多层次、多元化国际物流运作体系

续上表

物流区域	区域范围	全国性物流节点城市	区域性物流节点城市	中心区域特点
2. 东北物流区域	辽宁、吉林、黑龙江	沈阳、大连	哈尔滨、长春	物流设施齐全，形成公路、铁路、海洋运输网络
3. 山东半岛物流区域	山东	青岛、济南		港口集疏运系统、港口保税及工业加工、国际性贸易分拨中心
4. 长江三角洲物流区域	上海、江苏、浙江	上海、南京、宁波		国家海上运输网中的枢纽，物流基础设施发达，区域物流一体化程度高
5. 东南沿海物流区域	福建	厦门	福州	海峡西岸经济区东与台湾地区一水相隔，北承长江三角洲，南接珠江三角洲，是我国沿海经济带的重要组成部分，在全国区域经济发展布局中处于重要位置
6. 珠江三角洲物流区域	广东、海南	广州、深圳	海口	产业发达，水运、铁路、公路、航空综合运输网形成，对接港澳和世界各地，物流需求强劲，是中国物流最繁荣的区域
7. 中部物流区域	湖南、湖北、安徽、江西、河南	武汉、郑州	合肥、南昌、长沙	全国铁路运输中心，公路网络正在形成
8. 西北物流区域	陕西、甘肃、宁夏、青海、新疆	西安、兰州、乌鲁木齐	西宁、银川	正在打造通往欧洲的大陆桥
9. 西南物流区域	四川、重庆、贵州、广西、云南	重庆、成都、南宁	昆明、贵阳	从重庆两江新区到广西北部湾经济区，打造对接东盟的区域性国际物流中心

20世纪80年代以来，在区域经济一体化趋势下，区域经济合作成为一种普遍的经济现象，区域间物流、商流、信息流、资金流等不断涌现，物流活动日趋频繁。如何减少物流距离、缩短物流时间、降低物流费用，成为区域经济协调发展亟须解决的问题。在此背景下，区域物流成为现代物流发展中的一个重要领域，受到全世界的广泛关注，各国都十分重视区域物流的研究。进入21世纪，我国各级政府、产业界和理论界高度重视并切实推进区域物流发展，促进商品及各种要素的高效流动和配置优化。

我国九大物流区域的划分最主要的特点：

（1）打破行政区划的界限，按照经济区划和物流业发展的客观规律，促进物流区域发展。

（2）积极推进和加深不同地区之间物流领域的合作，引导物流资源的跨区域整合，逐步形成区域一体化的物流服务格局。

（3）描绘了中国物流业点、线、面结合的三维空间布局。这一布局是全局性的、长远的，将对中国物流业的发展起到重要的指导作用。

“点”即物流节点，分成三个层次，一是全国性节点城市共21个，二是区域性物流节点城市共17个，三是地区物流节点城市由省级政府定。全国性与区域性物流城市的确定是根据目前经济总量与货运总量以及城市的重要性来决定的。随着时间的推移，今后肯定会有所变化。每个节点城市，其物流运作还可分为三个层次：物流园区、物流中心、配送中心。

“线”，指有形的五种运输方式、十大物流通道，无形的物流信息网络平台等，以此实现区域经济一体化、物流区域无缝连接、大物流信息共享和全国性的物畅其流。

“面”，即九大物流区域，这是全国的面，还有每个省区的面，物流不能用行政区域来分割，而必须以经济区域来布局。

我国国情使物流业首先在经济发达地区得以发育、成长，并且在这些区域中，物流业首先在城市中兴起，使城市成为物流业发展的中心，带动周围地区和临近城市的发展，然后向区域中的农村地区辐射、蔓延，最后由点到线，由线到面，最终覆盖全国，并且与世界物流业发展接轨，与全球物流业融为一体，形成遍及全世界的物流网络。

1.2.3　珠江三角洲物流区域简要分析

珠江三角洲地区包括广东省内的广州、深圳、珠海等14个市县，土地面积4.15万平方公里，约占我国总面积的4%，人口2 451.36万人，约占全国人口的1.9%，2008年珠三角地区生产总值29 745.58亿元，占全国GDP的9.89%。珠三角因其优越的地理位置及独特的经济发展模式为物流业的发展带来了巨大的商机。随着泛珠三角区域合作框架的建立，珠三角的物流产业在我国区域经济一体化的过程中发挥越来越重要的作用。尽管珠三角物流发展的条件得天独厚，起步也较早，然而目前其发展水平仍落后于经济发展的需要，在专业化、网络化、标准化方面还存在较大差距。

珠江三角洲是中国经济最发达的地区之一，也是我国物流产业最繁荣的地区。对珠江三角洲物流区域发展进行细致的分析，从一个侧面看出我国物流发展的现状和存在的问题，具有典型的示范作用（参见表1－5）。

表1－5　珠江三角洲物流区域发展优势、劣势和机会分析

要素	主 要 内 容
优势	1. 珠三角经济发展快速外向，物流企业初具规模 珠三角是当今全球最大的出口加工区，外贸进口和出口总额占全国的1/3以上，传统的运输、仓储企业依托原有设施、业务基础和经营网络正向现代物流企业转变，一批有区域性品牌、集约化和规模化经营的物流配送中心和第三方物流企业迅速兴起。 2. 完善的综合运输网络和明显的区位优势 珠三角公路通车里程达到29 792千米，公路密度为71.45千米/100平方千米。区内铁路运营里程514千米，其中干线里程466千米。珠三角方圆200千米之内集中了香港、澳门、深圳、珠海、广州五大国际机场。 3. 珠三角产业特征独特 独特的“世界工厂”地位使珠三角形成了巨大的产业流，在地理布局上主要表现为以

续上表

要素	主 要 内 容
优势	珠三角东岸的东莞、深圳、惠州的电子及通讯设备制造业为主的全国最大的电子通信制造业基地；以珠三角西岸的珠海、中山为中心形成的以家庭耐用品、五金制品为主的产业带；以中部的广州、佛山、肇庆为中心形成的传统的电气机械、钢铁、纺织、建材产业带。 4. 物流网络分工明确，各地区互补性强 珠三角各城市间经济联系使其形成一个不可分割的经济圈，其产业共同成为珠三角产业链的一部分。发达的制造业为广州物流发展提供了良好的空间，将建设成为综合性的国际物流中心；深圳外向型经济明显，拥有优良的海港和空港以及良好的集疏运条件，正日益成为跨国集团的采购中心；佛山以纺织、陶瓷、电器等行业为骨干的主导产业群物流需求量大，将建设成为珠三角区域性的商贸物流中心；中山则利用医药产业优势，大力发展医药物流。
劣势	（1）物流基础平台建设比较落后，标准化程度比较低。 （2）物流企业服务水平偏低，存在供需矛盾。 （3）物流法律制度尚未完善，政策体制不健全。 （4）现代物流人才匮乏，物流培训与认证不规范
策略	（1）整合区域物流，分层次进行发展。 （2）整合港口资源，发挥珠三角港口群优势。 （3）整合珠三角航空物流资源。 （4）发展珠三角物流集疏运系统。 （5）加强物流基础设施的建设，建设大型物流枢纽。 （6）提高珠三角物流业的标准化、信息化水平。 （7）加强与完善物流法制建设

小提示

珠三角地区能够提供优质服务的专业化、社会化的第三方物流企业数量相当少，与欧美以及香港地区物流的发展还有较大差距。珠三角传统的物流企业大多是由以前仓储、运输等企业转变过来的，物流企业单一、层次低的物流服务相对过剩，一体化高层次、高水平的物流服务供给不足，供需矛盾制约着双方的发展。

很多原来运输和仓储公司随便就换上物流招牌，在很大程度上影响了物流行业的总体发展水平；在物流服务方面也缺少规范，例如运输服务，小型配货点和个体公司扰乱市场，低价竞争影响了规范的物流企业的生存和发展。

1.2.4 长江三角洲物流区域简要分析

长江三角洲物流区域是指由江苏、浙江、上海三省市中包括上海、南京、杭州、苏州、无锡、扬州、南通、镇江、湖州、宁波、绍兴、舟山、温州、嘉兴、常州等16个地级以上城市组成的区域。长三角的崛起在珠三角之后。20世纪90年代初，以浦东开发为龙头，以集体经济和私营经济为主的“苏南模式”和“温州模式”相伴随，带动整个长三角地区上了一个新台阶。长江三角洲是我国城镇化最发达的地区之一，也是我国目前最大的都市连绵区，以上海、南京、杭州三座特大城市为中心形成了5个城市集群：上海大城市区、以南京为中心的宁镇扬城市群、苏常锡城市群、通泰城镇群、以杭州为中心的杭州湾城市群。五大城市集群也是长三角产业集群最发达的区域。我国第一批14个沿海开放城市中，长江三角洲占了3个。1985年国务院将整个长江三角洲作为经济开放区，并从20世纪90年代开始涌现了大量的经济开发区，国家级开发区就有17个。

2008年，国务院下发了《关于进一步推进长江三角洲地区改革开放和经济社会发展的指导意见》，给长三角区域一体化带来了前所未有的发展机遇。

2009年江浙沪生产总值相加达71 794亿元，长三角GDP首次超过1万亿美元。浙江2009年实现生产总值22 832亿元，比上年增长8.9%。江苏、上海两地2009年生产总值分别为34 061亿元、14 901亿元。2009年长三角三地生产总值约占全国的21.4%。这说明，随着长三角一体化不断深入，长三角经济区日益成为中国经济发展的火车头。

长江三角洲是我国最重要、也最具活力的物流区域，其表现为：

（1）长江三角洲是全国南北交通主要通道，也是全国水陆中转的重要地区，基本上形成了水运、铁路、公路、航空相结合的综合运输网，担负着维系全国经济正常运转的重要任务。

（2）区域物流量大。以长江三角洲（简称长三角）为核心，形成了以加工业为主体的完整强大的工业体系。加工制造业、电子制造业的原材料大多来自区域之外，大量产品要运往内地市场和国际市场，具有巨大的物流需求。

（3）外贸强劲拉动物流繁荣。长三角地区和世界主要国家和经济体贸易往来频繁，上海是国内最大的对外货物转运中心之一，也是我国重要的进出口货物中转站。长三角地区仅国务院批准的一类口岸就有35个，其中包括19个沿海港口，在对外贸易中承担重要的物流职能。

（4）外资企业是物流需求的主要客户群。外资和合资企业的产品是出口的主力。如2003年上海外企出口500亿元左右，占全市出口总值46%。在物流领域，外企业务外包非常普遍。在长三角72%的外资或合资企业将物流业务外包，而民企外包比例为30%。外企物流主要外包给外资的物流服务商。

（5）物流企业竞争激烈。不仅许多著名的物流企业和代理机构进入长三角境内的数量大增，而且许多国际知名的物流企业纷纷加盟长三角，包括联邦快递、UPS、DHL、EXCEL、柏灵顿、大田、德国的飞格高志、美国的EGL公司等国际知名企业。外资的进入提升了长三角的物流产业水平和中心地位。

（6）长三角物流的一体化趋势加快。长三角不仅是大量物流的起始地和终点站，又是我国许多进出口货物的转运地。浙苏沪物流呈现一体化趋势，主要表现在航空运输业的分工与互动，海港运输互相促进，物流代理业相互渗透，通关障碍减少和过关时间的压缩。长三角各地港口、公路、内河及信息平台等物流基础设施建设呈快速发展态势。以港口战略合作为重心，促进区域物流一体化的发展走向快车道。

1.2.5 西南物流区域简要分析

西南物流区域空间范围包括四川、重庆、贵州、广西和云南5个省区、直辖市，国土面积137.3万km^2。2008年西南经济区常住人口24 129万人，GDP总量33 806亿元，占全国总量的11.24%。西南地区是我国西部大开发的战略重点战区，2008年1月16日批准设立了面向东盟国家的开放前沿“广西北部湾经济区”；2010年5月批准带动西部经济发展的重庆“两江新区”，是继上海浦东和天津滨海新区之后，中国第三个副省级新区。

2010年1月1日，具有19亿人口、6万亿美元国民生产总值、4.5万亿美元贸易额的中国－东盟自由贸易区，经过多边国家十年的努力，终于全面建成。东盟是东南亚国家联盟的简称，包括越南、泰国、新加坡、马来西亚、文莱、柬埔寨、印度尼西亚、老挝、缅甸、菲律宾等10个国家。2009年12月7日，国务院下发了《关于进一步促进广西经济社会发展的若干意见》（国发〔2009〕42号），提出了广西加快建设并完善与东盟合作平台，构筑国际区域经济合作新高地，在中国－东盟自由贸易区中发挥更大作用，把广西“打造成区域性现代商贸物流基地、先进制造业基地、特色农业基地和信息交流中心”的战略任务。西南物流区域南濒北部湾，东邻粤、港、澳，中国－东盟自由贸易区建立以后，西南物流通道最基本的内涵是以北部湾经济区为枢纽，沟通我国西部、中部与东盟国家经济和贸易往来的出海大通道，还担负着链接东部沿海物流区域、西北内陆物流区域、长江上游物流区域与进出口物流大通道的重要职能。西南物流通道是九大物流区域中唯一的沿江、沿边、沿海且辐射东中西地区的战略性大通道。国家正在加紧建设南宁—凭祥—新加坡铁路国际大通道和成都—昆明—河内—新加坡全线6591km、总投资高达25亿美元的泛亚铁路，泛亚铁路在2005年3月通过铁道部审查，东线方案进入开工阶段。

西南物流区域地理位置独特，通过铁路和长江、珠江水运东接长三角、珠三角全国两个最发达的经济区，背靠大西北，面向大东盟，通过陆上交通可直达东南亚各国，经北部湾港口直达世界100多个贸易港口。物流设施初具规模，铁路、公路、水路、航空、海运把西南地区紧紧编织成一个区域经济增长带；工业园区、物流区、港口加工区、边境贸易园区建设项目成为各地经济发展的亮点，在经济发展基础和物流设施建设齐头并进的情况下，物流运行状况良好。

建设中的南宁东盟国际物流园规划面积18平方千米，是集贸易往来、出口加工、物流配送、保税物流、商贸、仓储、产品展示于一体的国际现代综合物流区和城市综合功能区，建成后将为中国－东盟自由贸易区的贸易往来、大西南出海通道的贸易往来以及泛珠三角经济区的贸易往来提供现代化的物流服务。2009年12月22日，作为中国－东盟国际物流基地的核心及首期建设项目，南宁保税物流中心正式通过国家验收。保税物流中心建成后，将依托南宁及区内外大型产业基地的保税物流服务需求，建设“无水港”口岸港区，成为广西北部湾经济区保税物流体系的核心枢纽和连接海港、空港和边境口岸、直通东盟国家的大型物流商贸基地。

小提示

2008年1月16日，国家批准实施《广西北部湾经济区发展规划》。广西北部湾经济区处于北部湾顶端的中心位置，主要包括南宁市、北海市、钦州市、防城港市所辖区域范围，同时，包括玉林市、崇左市的交通和物流。土地面积4.25万平方千米，海域总面积近13万平方千米，海岸线长1 595千米，人口1 240多万人。

国家对其战略定位：建设成为重要国际区域经济合作区。

功能定位：立足北部湾、服务“三南”（西南、华南和中南）、沟通东中西、面向东南亚，充分发挥连接多区域的重要通道、交流桥梁和合作平台作用，以开放合作促开发建设，努力建成中国—东盟开放合作的物流基地、商贸基地、加工制造基地和信息交流中心，成为带动、支撑西部大开发的战略高地和开放度高、辐射力强、经济繁荣、社会和谐、生态良好的重要国际区域经济合作区。

【实战训练1－2】

小组讨论：西南物流区域与西南物流通道的战略布局

训练目标：掌握我国物流区域的整体布局，并分析西南物流区域的战略意义。

训练内容与要求：

（1）将全班同学分成3个小组，分别就我国物流区域、西南物流区域、西南物流通道开展讨论；

（2）三个小组要掌握第一手资料，对讨论的问题进行重点归纳，并对西南物流通道的战略意义达成共识。

1.3　物流企业的主要运营模式

物流企业担负着物流系统为用户提供最终物流服务的任务。我国物流企业的形成主要有四个途径：

（1）传统运输企业，仓储企业经过改造转型，如中远集团。

（2）过去国家垄断性集团的转型，如中铁物流、中国邮政等。

（3）新兴的民营物流企业，如顺丰快递、宅急送。

（4）大型生产企业成立的物流企业，如海尔物流。

这些物流企业共同构成了我国物流供给能力，为社会经济的发展提供了有力的保障。我国物流市场供给不足与运能闲置的现象并存，主要以运输和仓储为主的物流供给占据主导地位，出现了物流供给结构的失衡。产生这种结果的原因很多，而运营模式单一就是其中的重要原因之一。因为单一的运营模式必然带来单一的服务能力配置，而物流需求多样化、个性化的特征越来越明显。因此，进行物流企业运营模式比较分析，引导企业拓展运营模式，对物流产业发展具有十分重要的意义。

1.3.1 物流企业的内涵和类型

1. 内涵

新修订的《物流术语》（B/T 18354—2006）定义为：物流企业是指从事运输（含运输代理、货运快递）或仓储等业务，并能够按照客户物流需求对运输、储存、装卸、搬运、包装、流通加工、配送等进行组织和管理，具有与自身业务相适应的信息管理系统，实行独立核算、独立承担民事责任的经济组织。

2. 类型

根据上述国家标准，物流企业可以划分为运输型、仓储型、综合服务型和咨询型（这里不介绍）4种类型。这4种物流企业类型的划分既具有较强的操作性，又比较全面地涵盖了物流的内涵，同时对物流企业运营模式的选择提供了更多的途径（参见表1-6）。

表1-6 物流企业的主要类型及主要特点

类　型	特　　点
运输型	定义:以从事货物运输服务为主，包括小件包裹快递服务或代理运输服务，包含其他物流服务活动，具备一定规模的实体企业。 主营业务活动: (1) 企业的主要业务活动以为客户提供门到门运输、门到站运输、站到门运输、站到站运输等一体化运输服务，以实现货物运输为主。 (2) 根据客户需求，运输型物流企业可以提供物流功能一体化服务。 设施设备要求: (1) 企业应具备一定的办公场所，以及业务经营活动的场所。 (2) 按照业务要求，企业应具备必要的运输设备。 (3) 按照业务要求，企业应具备或租用必要的仓储设施、设备。 (4) 企业应具备一定的网络信息传递设备，保证信息系统的正常运行。 管理要求: (1) 企业已建立管理机构和与之相适应的管理制度，并有效实施。 (2) 企业应具备合理的人力资源管理与绩效考核制度，并有效实施。 (3) 培训制度健全，能够对员工在技术及职业道德等方面进行系统培训及考核。 服务要求: (1) 企业应配置专门的机构和人员，建立完备的客户服务体系，能及时、有效地提供客户服务。 (2) 具备网络化信息服务功能，对所运货物可通过信息系统进行状态查询、监控。 代表性企业: 中国远洋运输（集团）总公司，中国国际货运航空有限公司，中铁特货运输有限责任公司，顺丰速运（集团）有限公司，中外运-敦豪国际航空快件有限公司。

续上表

类　型	特　点
仓储型	定义:以从事区域性仓储服务为主，包含其他物流服务活动，具备一定规模的实体企业。 主营业务活动: （1）企业可以为客户提供货物储存、保管、中转等仓储服务，以为客户提供配送服务为主。 （2）企业可以为客户提供其他仓储增值服务，如商品经销、流通加工等。 设备设施要求: （1）企业应具备一定的办公场所、业务经营活动的场所。 （2）企业应具备一定规模仓储设施、设备。 （3）按照业务要求，企业应具备或租用必要的货运车辆。 （4）企业应具备一定的网络信息传递设备，保证信息系统的正常运行。 管理要求: （1）企业已建立管理机构和与之相适应的管理制度，并有效实施。 （2）企业应具备合理的人力资源管理与绩效考核制度并有效实施。 （3）培训制度健全，能够对员工在技术及职业道德等方面进行系统培训及考核。 服务要求: （1）企业应配置专门的机构和人员，建立完备的客户服务体系，能及时、有效地提供客户服务。 （2）具备网络化信息管理功能，应用信息系统可对货物信息进行状态查询、监控等各项信息处理。 代表性企业: 中国物资储运总公司,中储发展股份有限公司，上海宇培集团公司，美国普洛斯公司（Prologis）。
综合服务型	定义：从事多种物流服务活动，并可以根据客户的需求，提供物流一体化服务，具备一定规模的实体企业。 主营业务活动: （1）业务经营范围广泛，可以为客户提供运输、货运代理、仓储、配送等多种物流服务项目，并能够为客户提供契约性一体化物流服务。 （2）为客户制定整合物流资源的解决方案，提供物流咨询服务。 设施设备要求: （1）企业应具备一定的办公场所，以及业务经营活动的场所。 （2）按照业务要求，企业应具备或租用必要的运输设备以及仓储设施及设备。 （3）企业应具备一定的网络信息传递设备，保证信息系统的正常运行。 （4）企业应具有跨区域性货物分拨网络。 管理要求: （1）企业已建立管理机构和与之相适应的管理制度，并有效实施。 （2）企业应具备合理的人力资源管理与绩效考核制度并有效实施。 （3）培训制度健全，能够对员工在技术及职业道德等方面进行系统培训及考核。

续上表

类　型	特　　点
综合服务型	服务要求： （1）企业应配置专门的机构和人员，建立完备的客户服务体系，能及时、有效地提供客户服务。 （2）具备网络化信息服务功能，应用信息系统对物流服务整个过程的信息进行状态查询和有效监控等。 代表性企业： 中国物流公司，云南物流产业集团有限公司，青岛海尔物流有限公司，深圳市亦禾供应链管理有限公司，上海现代物流投资发展有限公司，浙江省八达物流有限公司，深圳市怡亚通供应链股份有限公司。

《物流企业分类与评估指标》对于具备一定综合水平的4种类型的物流企业，按照不同评估指标分为5个等级。其中，AAAAA级最高，依次降低。按照此标准，截止2009年12月23日，居中国物流与采购联合会已向社会陆续公布九批共743家A级物流企业，几乎囊括了全国最具竞争力的各类物流企业。这些企业中综合服务型占据了绝大部分。

小提示

中国远洋运输（集团）总公司简称中远或COSCO，是中国大陆最大的航运企业，全球最大的海洋运输公司之一，居中国第一批9家5A级物流企业之首，2009年中国50强物流企业之首，年主营业务收入14796217万元。

其旗下的中国远洋物流有限公司是综合服务型物流公司，也是中国最大的物流公司。标有“COSCO”醒目标志的船舶和集装箱在世界160多个国家和地区的1 300多个港口往来穿梭。COSCO这一世界级知名品牌，提高了我国物流企业在国际上的影响力和国际声望。

1.3.2　物流企业运营模式及其特征

1. 传统外包模式

传统外包模式是指物流企业独立承包一家或多家生产商或经销商的部分或全部物流业务。随着现代经济运行方式的全球化、专业化发展，企业往往会集中自己的精力于主营业务上，而把与业务开展相关的物流业务外包给专业的物流企业。当前大多数物流企业都是这种运营模式。

传统外包模式的特征：

（1）物流企业以契约形式与客户建立长期合作关系，保证了自己稳定的业务量，避免了设备闲置。

（2）以生产商或经销商为中心，物流企业几乎不需专门添置设备和进行业务训练，管理过程简单。

（3）订单由产销双方完成，物流企业只完成承包服务，不介入企业的生产和销售计划。

（4）生产企业、销售企业与物流企业之间缺少沟通的信息平台，会造成生产的盲目和运力的浪费或不足，以及库存结构的不合理。

2. 战略联盟模式

战略联盟模式是指物流企业以契约形式结成战略联盟，实现内部信息共享和信息交流，相互间协作，形成物流网络系统。联盟可包括多家同地和异地的各类物流企业。理论上联盟规模越大，可获得的总体效益越大。目前我国的电子商务物流企业大多属于这种运营模式。

战略联盟模式的特征：

（1）联盟企业间实现了信息共享和信息交流，并以信息为指导制定运营计划，在联盟内部优化资源。

（2）联盟内部各实体实行协作，减少中间手续，提高效率，使得供应链衔接更顺畅。

（3）联盟成员是合作伙伴关系，实行独立核算。

3. 综合物流模式

综合物流模式是指集仓储、运输、配送、信息处理和其他一些物流服务（如包装、装卸、流通加工等）为一体，提供综合性、一体化物流服务的运营模式。

综合物流模式的特征：第三方物流企业拥有大量的固定资产，为少数行业提供高集成度的服务，其业务范围集中在自己擅长的领域。国际上许多著名的物流公司都采用这种运作模式，国内一些大型的物流企业也开始提供这种服务。

4. 协同运作模式

协同运作模式是指为其他物流企业提供信息技术、管理技术、供应链策略和战略规划方案等，并与这些企业共同开发市场，但并不参与物流业务的具体实施，而是指导其他物流企业完成物流业务。

协同运作模式的特征：具有雄厚的物流配送实力和最优的解决方案，业务范围多集中在物流配送管理方面，针对性强、灵活性大。

5. 方案集成模式

方案集成模式是指为物流需求者提供运作和管理整个供应链的解决方案，并利用其成员的资源、能力和技术进行整合和管理，为需求者提供全面、集成的供应链管理服务。如中远货运公司在广州与科龙电器公司合资成立的安泰达物流公司，就主要是为科龙集团服务的。

方案集成模式的特点：

（1）这种模式的运作一般是在同一行业范围内，供应商和加工制造商等成员彼此间专业熟悉，业务联系紧密，有一定的依赖性。

（2）物流企业以服务主要客户为主，带动其他成员企业的发展。

（3）该模式的好处是服务对象及范围明确集中。

（4）物流企业与客户的关系稳定、紧密而且具有长期性。

（5）要求客户的业务量足够大。

6. 行业创新模式

行业创新模式是指通过借助自身资源、技术和能力的优势，为多个行业的客户提供供应链解决方案，它以整合供应链的职能为重点，以各个行业的特殊性为依据领导整个行业供应链实现创新。

行业创新模式的特点在于：以核心物流企业为主导，联合其他物流企业，为多个行业客户提供运输、仓储、配送等全方位、高端的供应链解决方案。如美国卡特彼勒物流公司从起初的只负责总公司的货物运输，发展到后来为其他多个行业的客户提供供应链解决方案，包括戴姆勒克莱斯勒公司、标志公司、爱立信公司等。

7. 动态联盟模式

动态联盟模式是指一些相对独立的服务商（如第三方物流企业、咨询机构、供应商、制造商、分销商）和客户等，面对市场机会，通过信息技术相连接，在某个时期内结成供应链管理联盟。它的组成到解散主要取决市场的机会存在与消失、原企业可利用的价值。

动态联盟模式的特点：

（1）联盟企业间在设计、供应、制造、分销等领域里分别为该联盟贡献出自己的核心能力，以实现利润共享和风险分担。

（2）能以最快速度完成联盟的组织与建立，优势集成、抓住机遇、响应市场、赢得竞争。

1.3.3 物流企业运营模式比较

物流企业运营模式的拓展及合理选择是缓解物流市场供给结构失衡，促进物流业市场化、产业化、社会化发展的重要途径。从物流的内涵及我国物流业的发展实践来看，物流企业有7种不同的运营模式，不同的运营模式具有不同的特征，适合的企业类型、规模以及客户要求不同，在实践中应结合具体的运用条件加以分析。

根据各种运营模式的特征以及影响物流运营模式的因素，各种物流企业运营模式适合的企业类别、企业规模大小以及客户要求可以用表1－7归纳出来。

表1－7 物流企业运营模式比较

运营模式	适合的企业类别	适合的企业规模	适合的客户要求
传统外包模式	仓储型、运输型	大、中、小型	一般仓储、运输服务
战略联盟模式	仓储型、运输型	中、小型	一体化物流服务
综合物流模式	综合服务型	大型	各类物流服务
协同运作模式	咨询型	大、中型	信息化服务、供应链解决方案等
方案集成模式	综合型	大型	信息化服务、供应链解决方案等
行业创新模式	综合型	大、中型	仓储、运输、配送、信息化服务、供应链解决方案等
动态联盟模式	仓储型、运输型、咨询型	大型	仓储、运输、配送、信息化服务、供应链解决方案等

1.3.4　物流组织形式

物流组织形式是指物流活动中各种构成要素的结构、组成、编配及所属关系的存在状态。发展物流业，就必须依托或建立起一大批具有一定规模的、独立从事物流经济活动的物流组织，它的构筑与运行是物流业发展的基础。

物流的组织形式不同，物流所承担或发挥的经济职能也不一样。物流组织形式通常可以划分为三类：企业物流、国民经济物流和国际物流。如表1－8所示。

表1－8　物流组织形式及其特征

物流组织形式	特　征
企业物流	可以划分为生产企业物流和流通企业物流： （1）生产企业物流，是以采购生产所需要的原材料、零部件、设备等，经过劳动加工，形成新的产品，最后供应给社会需要部门和用户的全过程，是企业在生产工艺中的物流活动 （2）流通企业物流，是指商品流通企业和专门从事实物流通企业的物流。按企业经营的纵向结构，一般分三种形式，即组织货源，将物资从生产厂家集中到流通部门的采购物流；企业内部的存储、保管、装卸、加工等各项物流活动的流通企业内部物流；将物资转移到消费者手中的销售物流
国民经济物流	指在全国范围内由国家统一计划组织或指导下的多种物流形式。影响国民经济物流的因素十分复杂，不仅从宏观上要调整工业布局、产业布局，还要提高和推广先进的物流技术、多种形式的运输、按经济区域统一组织物流网络
国际物流	指物资进口国与物资出口国之间形成的物流。由于经济全球化的加速，跨越国界的国际物流也加速发展

分析物流组织形式，可以更好地选择物流企业运营模式。比如要进入企业物流领域，物流企业可以选择外包模式和战略动态模式；如果要进入国际物流领域，可以选择协同运作模式或动态联盟模式。

1.3.5　我国物流市场的三个层次

物流企业运营模式的选择，还和物流市场的细分和层次、物流服务对象和物流供给特点密切相关。我国物流市场按照服务对象和物流供给特点的差异，可细分为高端、中端、低端三个层次，由低到高呈现出金字塔形的结构特征，如表1－9所示。

从总体上看，我国的零担专线规模较小、实力较弱，且数量众多，为抢夺有限的货源相互间激烈竞争，经营零散粗放，缺乏集约和网络经营的优势，整体运输效率、服务质量均处于较低水平。除专线外，以城市快递业务为主的各类小型快递企业也是低端市场的主要供给主体。零担专线型物流企业的运营模式是简单的传统外包模式，或单纯的委托代理型。此类业务模式虽然满足了大量客户的不同需要，但极大地浪费了宝贵的物流资源，不利于我国物流产业的整体升级换代。

规模化、网络化物流企业的运营模式已走向多元化，传统外包模式、战略联盟模式、综合物流模式、协同运作模式、方案集成模式、行业创新模式、动态联盟模式等都有相应的选择。

表1-9 我国物流市场的三个层次

我国物流市场层次	层次特征
零担专线：低端物流市场的供给主体	零担专线是一种以单一或少数几条线路为载体的零担经营模式，部分地方称之为托运部、货代等。零担专线主要以广泛布局的货运场站为依托，服务于数量众多的中小型生产及商贸流通企业零散、低水平的物流需求。 由于零担专线经营主体数量庞大，承载着我国绝大多数的物流量，成为目前我国物流市场的主导形式。我国物流企业中，95%以上属于这种业务单一的零担专线
初具规模的中型物流企业：中型客户群及中端市场的供给主体	处于金字塔中部的是具有一定规模和网络优势的中型物流企业，包括快递、零担以及部分综合物流企业。主要服务于介于规模化和中小型企业之间、具有一定规模的中型客户群的物流需求。总体数量约占全部物流公司的4%，市场份额较低，难以成为网络化运输市场的主导。 此类物流企业运作灵活且处于成长期，相对于单条或少数几条线路运营的零担专线，具有一定的集约化、网络化运输优势。但从总体上看，企业规模和实力仍相对较弱，抗风险能力差，缺乏现代管理技术和信息手段的支撑，物流效率、服务质量和水平尚待提升，距物流供应链一体化管理存在较大差距。由于具有固定的客户群和稳定增长的业务，企业运营模式仍然以传统业务外包为主，少数可以提供一体化的服务，企业运营模式逐渐向多元化扩展
规模化、网络化的物流企业：大型生产及商贸企业高端、集约、多样化物流需求的供给主体	处于金字塔顶端的是少数规模化的零担、快递及综合物流企业。在我国高端物流市场存在三类物流企业：①规模化的民营物流企业，主要集中在快递、零担、综合物流等领域。较为典型的如顺丰速运、宅急送、佳吉快运、宝供物流，以及已经被外资收购的华宇、佳宇等。②大型国有物流企业，主要集中在综合物流、快递领域，如中远物流、招商局物流、中国邮政（EMS）等。③规模化的外资物流企业，如联邦快递（FEDEX）、UPS、DHL、TNT等跨国物流企业。 此类企业在全国建立了完善的物流及运输网络，并通过信息技术实现对整个网络的有效调整、优化和整合，最大限度地发挥了网络化、集约化、规模化的优势，通过不断延伸其服务范围，逐步向企业提供一体化的供应链物流管理服务。这类企业代表着我国物流发展的最高水平和发展方向。但从总体上看，由于数量较少，在全国还不到1%，承载的运输量相对有限，现阶段仍难以成为我国物流市场的主导

1.3.6 我国物流产业的划分

物流企业的运营模式还和所服务的物流产业有关联，针对不同的产业特点，物流企业可以选择最适合运作的运营模式，提供不同的个性化物流服务。

物流产业是物流资源产业化而形成的一种复合型或聚合型产业，是融合运输业、仓储业、货代业和信息业等的复合型服务产业，是国民经济的重要组成部分。物流资源包括运输、仓储、装卸、搬运、包装、流通加工、配送、信息平台等，这些资源产业化就形成了运输业、仓储业、装卸业、包装业、加工配送业、物流信息业。把产业化的物流资源加以整合，就形成了一种新的服务业，即物流服务业，因此物流产业是复合型服务产业。

我国统计口径一般把物流产业划分为交通运输业、仓储业、货运代理业、包装业、邮政业、快递行业、物流地产业等。其中物流地产业属于工业地产的范畴，指工业地产商根据顾客的需求，选择合适的地点，建成相关物流设施后，再转租给制造商、零售商、物流公司等客户，再组建一个资产管理队伍进行物业管理和服务。典型物流地产项目包括仓库、货柜码头、物流园区、配送中心等。1993 年全球工业物流地产的领军企业美国普斯洛公司开始在中国经营物流地产，我国物流地产业正走向成熟和繁荣。

1.3.7 我国行业物流的划分

物流企业可以随所服务的行业物流的不同，而选择不同的运营模式。

行业是指从事国民经济中同性质的生产或其他经济社会活动的经营单位或者个体的组织结构体系，如农业、汽车业、银行业、旅游业。行业物流指不同行业领域伴随产业经济活动所发生的一般的物流活动和体现行业特点的物流活动。几类典型的行业物流有工业物流、农业物流、商业物流、危险化学品物流、军事物流、图书出版业物流等。下面部分介绍。

1. 工业物流

工业物流种类及其特征见表 1－10。

表 1－10 工业物流种类及其特征

工业物流种类	特 征
汽车物流	汽车物流是集汽车零部件及整车运输、仓储、包装、保管、搬运、改装及物流信息于一体的综合性管理，是沟通汽车原料供应商、零部件商、整车生产厂商、批发商、物流公司及最终用户的桥梁，更是实现汽车从生产到消费各个流通环节的有机结合。对汽车企业来说，汽车物流包括生产计划制订、采购订单下放及跟踪、物料清单维护、供应商的管理、运输管理、进出口、货物的接收、仓储管理、发料及在制品的管理和生产线的物料管理、整车的发运等
钢铁物流	钢铁物流大体分为三类：供应物流、生产物流、分销物流。供应物流是指为钢厂生产所需原材料、能源提供的物流服务。广义的供应物流是包括采购在内的供应链管理。生产物流是指钢厂内部的物流管理。分销物流在钢铁流通领域分为两类：第一类是钢铁生产企业的销售物流，以本厂的产品销售为主，为客户提供增值服务；第二类是流通企业扩展物流服务，把钢铁贸易与物流和配送结合起来，提高了市场竞争力
家电物流	家电连锁企业如国美、苏宁对第三方物流的关注度越来越高，一方面，家电连锁企业向家电企业大批定制产品的次数逐年增加，需要第三方物流企业负责将产品发运至全国网点；另一方面，由于各地区的销售需求不同，产品销售会出现区域化特点，因此，各地卖场间的产品调拨需求也很大，第三方物流服务成为家电连锁企业的选择。2008 年，国美电器将全国 20 多个城市之间的产品横向调拨业务分包给中远物流负责，依靠中远物流遍布全国的网点，为国美电器提供及时、高效、安全的物流服务

续上表

工业物流种类	特征
化工物流	化工产品的物流活动即是化工物流，其中一部分是属于特殊产品物流，主要化工产品中有烧碱、纯碱、化肥、农药、乙烯、石油、天然气、硫酸等。石油和天然气运输量大，石油化工管道运输得到极大发展
医药物流	包括药品、耗材、器械供应、医疗垃圾回收等物流活动
IT 物流	包括计算机、家用视听产品、电子元件、软件和元器件等电子信息行业的物流活动

小提示

2009年，我国一跃成为世界最大的汽车生产国和汽车销售国。我国一汽、二汽生产的轿车，从生产线上下来送到用户手上，平均需要45天。对日本的丰田以及德国的一些汽车来说，这个过程平均只需要7天。且不说我们的汽车跟日本、德国的汽车在结构、性能、质量、价格等方面的差异，单从物流这个角度来看，我们的竞争力就处在弱势的地位。

2. 农业物流

农业物流一般是指从农业生产资料的采购、农业生产的组织到农产品的运输、储存、装卸搬运、流通加工、包装、配送和信息管理等，实现从生产地到消费地、生产者到消费者过程中所形成的物品流动，也称农产品物流。农业物流种类及其特征如表1-11所示。

表1-11 农业物流种类及其特征

农业物流种类	特征
粮食物流	粮食是关系国计民生的重要战略商品，粮食物流是全社会物流的重要组成部分。粮食现代物流是粮食从生产、收购、储存、运输、加工到销售服务的整个过程中的实体运动以及在流通环节的一切增值活动
食品物流	我国各类食品的年产量达10亿吨，占世界食品总量的15%，其中肉类、水果、水产类的产量均居世界第一位。目前我国的食品工业产成品每年在运输和储存方面的损失却高达700亿元人民币
果蔬物流	果蔬的生产具有明显的季节性、区域性、易腐性。我国水果和蔬菜总量中只有不到30%利用了低温物流和冷链物流，品种也仅限于一些经济效益比较高的水果，而发达国家一般在70%左右
花卉物流	花卉是一种特殊的鲜活农产品，易于腐败，与蔬菜和水果一样，花卉的采后寿命和贮藏运输条件息息相关。由于花卉对贮藏运输条件要求较高，因此，专业化程度对于花卉物流来说非常重要。我国的花卉产业保持着良好的发展势头，物流环节在花卉产品从产地到消费市场的整个产业链条上起着衔接和促进作用

3. 商业物流

工业物流是以集中采购为主，零部件加工为核心，主要为工业企业提供仓储、运输、配送等的生产服务性物流。与此相对应的是，商业物流为各种制造商、经销商、物流企业及最终消费者提供现代物流服务。

商业物流是指商品被生产出来以后，通过销售进入最终消费的物流活动，即生产企业发货—商贸企业销售—顾客最终消费的物流活动。同其他物流形态比较，商业物流具有每批配送量小，配送批次多，配送时间要求强，配送的商业企业（主要指连锁超市）往往是零库存或者库存很小，盈利主要靠累计量等显著特点。商业物流在商业贸易特别是零售商业发展中起非常重要的作用。比如为沃尔玛、家乐福、联华提供服务的公司即属于商业物流行业企业。

4. 危险化学品物流

危险化学品（简称危化品）是指具有易燃、易爆、有毒、有害及有腐蚀特性，会对人员、设施、环境造成伤害或损害的化学品，包括爆炸品，压缩气体、液化气体，易燃液体、易燃固体，自燃物品和遇湿易燃物品，氧化剂和有机过氧化物，有毒品，腐蚀品等。

危险化学品物流是指危险化学品从供应地向接收地的实体流动过程，为危险化学品及其信息流动提供相关服务。根据实际需要，对危险化学品进行运输、储存、装卸、包装、流通加工、配送、信息处理等活动。危险化学品物流属于高风险行业，一旦出现事故，具有影响大、危害大、伤亡人数多的特点。随着我国经济的持续发展、工业化进程的加快，危险化学品需求越来越大。

【实战训练1-3】

情景模拟：物流企业运营模式的选择

训练目标：掌握物流企业几种主要的运营模式，并能够具体分析一个物流企业的运营模式选择。

训练内容与要求：

（1）资料：南宁一家国有大型制造企业为了增强核心竞争能力，将原来的储运部、供销部等从主业剥离出来，成立了具有独立法人的物流公司。新成立的物流公司有员工800多人，各种车辆200多台，有现代化的仓储设施设备。公司不但可以为母公司服务，而且能为社会提供一体化的物流服务。公司如何选择其运营模式，请同学们提出可行性报告。

（2）要求同学们扮演该物流公司总经理的角色，对公司的运营模式做详尽的阐述。

（3）要求同学按扮演的角色上台发言，成立五人评委进行考核。

【重点回顾】

（1）国外物流发展进程；

（2）我国物流行业发展的整体状况；

（3）我国九大物流区域的分布；

（4）我国十大物流通道和全国性物流节点城市分布；

（5）物流企业的主要运营模式。

任务二 分析物流市场环境

【任务描述】

- 掌握 SWOT 分析法及 5 种竞争力量模型分析方法；
- 能运用 PEST 分析工具对区域物流市场外部环境进行分析；
- 能对区域某一物流企业进行内部条件分析；
- 能用波特 5 种竞争力量模型分析区域物流行业的竞争环境。

【案例呈现】

K 物流公司成立于 1995 年，主要经营广州、深圳发往广西及广西区内的货物运输，现在广西有 10 多家分公司，员工 300 多人，是多家大型企业的货运代理。随着公司的不断发展壮大，K 物流公司拟开拓新的物流市场。

小王作为市场开发部经理，被公司委派去 M 省进行物流市场调研，要求调研完毕后提交一份市场开发策划方案，作为公司开拓新的物流市场的决策依据。小王接受任务之后，组建了 M 省市场开发小组风尘仆仆地赶往目的地。

【案例研讨】

1. 小王到 M 省后，该如何操作？
2. 物流市场环境分析主要分析哪些内容？

【任务实施】

在激烈的市场竞争中，由于各企业所处的环境，企业自身资源、能力以及战略的不同，往往会导致不同的命运。一个默默无闻的小企业可能会因适应市场环境而得到良好发展，成为本行业的“巨无霸”；也有一些名极一时的企业可能一夜之间负债累累，几年后被人们所忘却。

在复杂的市场环境中，只有高度重视市场分析，把握物流市场环境现状和未来的发展趋势，才能及时抓住市场发展机会，避免市场威胁，才会有企业的生存、发展和获利。

☞ 小提示

只有建立在正确的市场分析上的决策，才能使企业在市场竞争中立于不败之地。

因此，小王到达M省后，首先要了解、分析M省的物流市场环境状况，为公司决策提供参考依据。

物流市场环境分析主要包括：

（1）物流市场宏观环境分析；

（2）物流市场行业环境分析；

（3）物流市场竞争环境分析；

（4）物流企业内部环境分析。

2.1 物流市场宏观环境分析——PEST分析方法

物流市场宏观环境分析主要包括7个方面：政治环境、法律环境、经济环境、技术环境、社会环境、文化环境、自然环境。

分析物流市场宏观环境的基本工具是PEST分析方法（见图2-1，表2-1），其中PEST分别是：政治的（Political）、经济的（Economic）、社会的（Social）、技术的（Technological）等4个英文单词的首字母缩写。

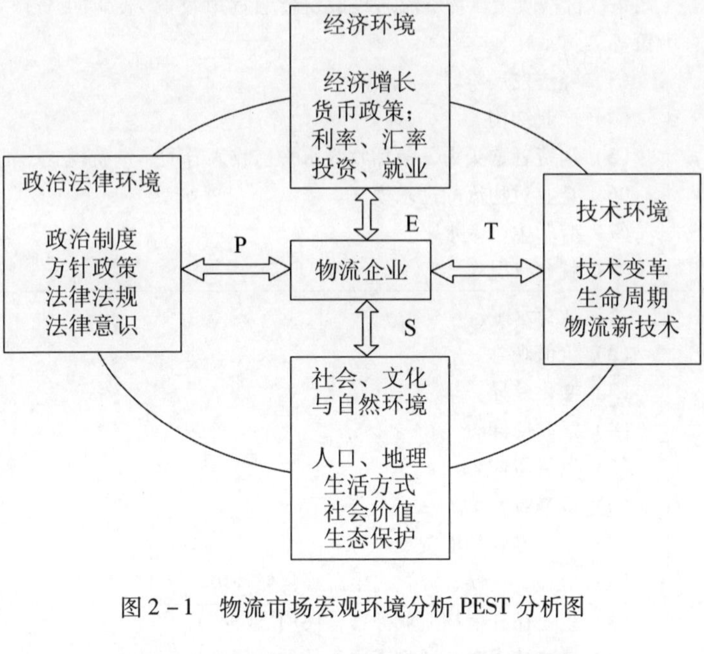

图2-1 物流市场宏观环境分析PEST分析图

表2-1 物流市场宏观环境分析的具体要素

物流市场宏观环境分析（PEST）	具体分析要素
政治法律环境（P）	（1）国家经济体制。本国宏观政策制定和调整的依据。 （2）政局和政治事件。包括政治稳定性、社会治安、政府的连续性、政府机构作风、政治透明度等。 （3）国家经济政策。往往带有扶持或抑制、提倡或禁止的倾向性特点，直接或间接地影响着物流企业的活动。

续上表

物流市场宏观环境分析（PEST）	具体分析要素
政治法律环境（P）	（4）政府法律、法规。与物流企业运作直接相关的法律、法规包括《中华人民共和国水路运输服务业管理规定》、《汽车货物运输规则》、《国内水路货物运输规则》、《港口货物作业规则》、《中华人民共和国国际海运条例》、《道路零担货物运输管理办法》等。 （5）物流产业政策。如《物流业调整和振兴规划》、《关于促进我国现代物流业发展的意见》、《关于当前产业政策要点的决定》等，对物流产业的发展起到指导作用。 （6）政府干预。如外汇管制、进口限制、税收管制、价格管制、劳动力限制等。 （7）企业的法律意识。 （8）公众利益团队。主要包括保护消费者利益和保护环境的公众利益团体
经济环境（E）	（1）经济体制。调控或影响社会经济活动的范围、内容和方式等。 （2）经济政策。包括综合性的全国经济发展战略和产业政策、国民收入分配政策、价格政策、物资流通政策、金融货币政策、劳动工资政策、对外贸易政策等。 （3）经济发展阶段。 （4）产业结构。 （5）消费者购买力。包括收入水平、收入分配、消费模式、消费结构等。 （6）企业对物流的需求模式。 （7）劳动生产率水平。 （8）就业状况
社会、文化与自然环境（S）	（1）教育水平。 （2）价值观念。 （3）文化差异。 （4）宗教信仰。 （5）风俗习惯。 （6）审美观。 （7）生活方式和消费观。 （8）地理、气候、资源、生态等自然环境
技术环境（T）	（1）企业在开展物流业务中，使用了哪些技术。 （2）这些技术对开展物流服务的重要程度如何。 （3）哪些技术对物流业务是至关重要的。 （4）企业对相关技术能否持续地利用。 （5）这些技术的最新发展动向是什么？哪些企业掌握了最新的技术动向。 （6）这些技术对未来物流服务会产生哪些影响。 （7）企业的物流技术水平与竞争对手相比如何。 （8）企业对现有的物流技术还有哪些应用？利用程度如何。 （9）企业为了实现设定的物流服务目标还需要哪些物流技术资源。 （10）企业的物流技术水平对其竞争地位的影响如何。

【实战训练2-1】

物流企业外部宏观环境分析

训练目标：掌握PEST分析法，并会运用。

训练内容与要求：

（1）教师事先讲解PEST分析法及分析时涉及的具体要素；

（2）组织学生成立物流市场开发小组，并指导每一小组选择某一类型的物流企业作为分析对象；

（3）要求学生运用PEST分析工具对该类型的物流企业外部宏观环境进行分析；

（4）分析完毕，撰写分析报告并制作PPT，就重点内容与其他项目小组分享。

2.2　物流市场行业环境分析

企业所在的行业环境是介于宏观环境和微观环境之间的一种环境因素，包括行业性质、行业结构、行业地位和能力、行业吸引力和竞争状况以及行业的变化发展趋势。行业环境直接而迅速地影响行业内的企业，因此在分析物流市场宏观环境之后，小王必须分析M省的物流行业环境，以了解M省的物流市场规模、物流行业结构、物流行业地位和能力、竞争状况以及发展趋势等情况，为企业决定是否进出物流行业，以及明确自己所处位置以采取相应行动提供依据。

2.2.1　物流行业的主要经济特征

每个行业都有其独特的经济特征，一个行业的经济特征和竞争环境及其变化趋势往往决定了该行业的市场吸引力和竞争状况。行业环境分析要把握行业中最主要的经济特征。

物流行业的经济特征主要包括：

（1）物流市场规模。指物流行业1年的营业额或物流量。

（2）竞争区域范围。分为本地市场、区域市场、全国市场、国际市场和全球市场。

（3）行业生命周期。指物流行业在其生命周期中目前所处的阶段及其特征。行业生命周期直接影响物流企业的营销策略和竞争手段的选择。

（4）竞争程度。指行业内企业的数量和集中度，即一个行业内企业的总数以及不同规模企业的数量分布。集中度是用来衡量一个行业内企业之间市场份额分布的一个指标，常用规模最大的前4位企业的市场份额之和表示。研究表明，大企业的集中度系数在60%以上时，企业的利润率与市场份额的正相关关系非常显著。

（5）顾客需求状况。指顾客的购买数量、规模及其变动。

（6）纵向整合程度。指行业之间纵向一体化程度，包括前向一体化和后向一体化。

（7）规模经济与学习曲线。规模经济指在既定的条件下，如果在某一区间生产或复合1单位产品的平均成本递减，就可以说存在规模经济。规模经济可以扩展到采购、制造、运输、仓储、营销等各方面。

学习曲线指在生产或经营的过程中，由于学习而积累经验，从而使得当某一产品的累积生产量增加时，产品的单位成本趋于下降。

（8）进入和退出壁垒。分析壁垒的大小和来源，是原有企业的经济壁垒，还是制度性壁垒或政府政策产生的政治性壁垒。

（9）技术革新和发展的趋势。指物流技术发展的水平、速度和持续性对物流行业发展趋势的影响。

（10）资本状况。指企业进入物流行业需要投入资本的大小、回收期时间的长短、固定成本和变动成本的比例、附加值的大小。

2.2.2 物流行业结构

1. 行业规模结构

按行业规模或集中度大小，可以把行业结构分为两类：一类是规模悬殊型，即市场集中度高，一个行业内大企业处于领导地位，小企业和大企业实力上相差悬殊，竞争态势比较平缓；另一类是规模均衡型，即行业内各企业之间势均力敌，竞争十分激烈，甚至是你死我活。

小提示

> 在分析行业规模结构时，一定要分析行业内最大的几家企业的经营状况，因为其行动会对行业的发展及利润起主导作用。
>
> 分析重点企业的经营思想、竞争战略、产品特征、创新战略、竞争能力、市场占有率及其优劣势等因素，对企业行业环境分析意义重大。

2. 行业数量结构

一般来讲，市场规模大的行业，企业数量较多，行业内集中程度低；反之，市场规模小的行业，企业数量就少，行业集中程度较高。

3. 行业市场结构

行业市场结构分析一般是分析供求形势、需求分布、需求变动3个方面。

供求形势一般表现为3种类型，即供不应求、供过于求和供求平衡。供不应求，则各企业产品很容易找到合适的市场，价格也相对稳定，竞争趋于平缓，因此会有新企业大量涌入本行业；供过于求，则企业间竞争激烈，并可能导致价格下跌和高额的销售费用，有的企业可能因此发生亏损。

需求分布主要指需要分布在某一级别的市场。

需求变动主要包括产品类别、数量的变动。根据变动的频繁性，我们可以把需求变动划分为3种类型：平稳型、渐变型和变动频繁型。表2-2为需求变动及其特征。

表 2－2　需求变动及其特征

需求变动类型	特　征
平稳型	需求变动小，顾客群比较稳定
渐变型	顾客需求逐渐由低到高地向高水平和先进的产品或服务转变
变动频繁型	由于产品或服务的替代性比较大，或者产品选择复杂度低，顾客的忠诚度小，因此需求变动比较频繁

4. 行业的市场地位

行业在社会经济中的地位，主要表现在如下 3 个方面。

（1）行业的利税额、产值（净产值和总产值）及吸引劳动力的数量，在全国工业产值、财政收入和就业中所占的比重。

（2）行业的现状和未来对整个社会经济及其他行业发展的影响程度。

（3）行业在国际市场上的市场份额、竞争状况和创汇能力。

小提示

在分析行业市场地位时，确认行业是否是社会经济发展的主导行业非常重要。一般来说，整个经济的增长在一定意义上是某些关键行业迅速增长的直接或间接的结果。

主导行业具有 3 个特征：①能引入创新并创造新的市场需求；②具有持续的高增长率；③对其他行业的增长有直接和间接的诱发作用。

2.2.3　物流行业生命周期

每个行业都会经历一个由成长到衰退的发展演变过程，这个过程称为行业生命周期。判断物流行业处于生命周期的哪个阶段，主要通过以下几个指标：

（1）物流市场增长率；

（2）物流市场需求增长率；

（3）物流市场竞争者数量；

（4）物流市场进入及退出壁垒；

（5）物流技术变革；

（6）物流市场客户的购买行为。

分析物流行业处于生命周期的哪个阶段，有助于企业分析目前物流市场的特征，确定是否进入该市场以及进入该市场采取何种策略等。

行业的生命周期一般分为 4 个阶段，即幼稚期、成长期、成熟期和衰退期。物流行业生命周期发展阶段如图 2－2 所示，各阶段特征如表 2－3 所示。

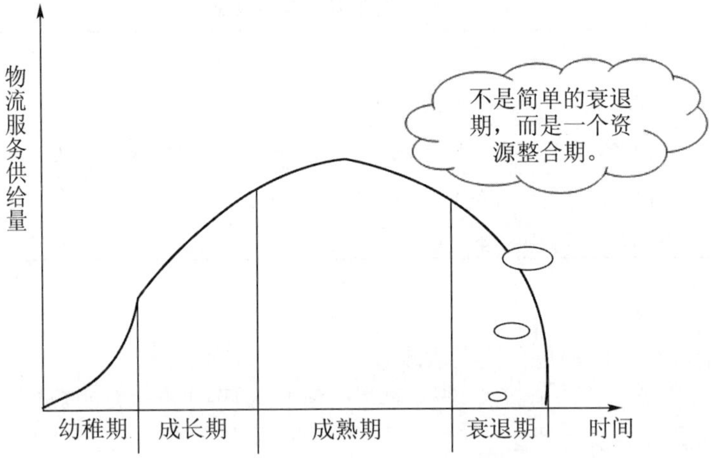

图2－2　物流行业生命周期发展阶段

表2－3　物流行业生命周期各阶段特征

物流行业所处阶段	特　征
幼稚期（投入期）	物流市场增长率较高，物流需求增长率较快，技术变动较大，企业主要精力用于开发新客户、占领新市场，但物流技术具有很大的不确定性，在产品、市场、服务等策略上有很大的余地，对物流行业的特点、行业竞争状况、用户特点等信息掌握不多，企业进入壁垒较低
成长期	市场增长率很高，需求高速增长，技术渐趋成熟，行业特点、行业竞争状况及用户特点已比较明朗，企业进入壁垒提高，物流服务种类及竞争者数量增多
成熟期	市场增长率不高，需求增长不高，技术已经成熟，行业特点、行业竞争状况及用户特点非常清楚而稳定，买方市场形成，行业盈利能力下降，物流新服务类型的开发更为困难，企业进入壁垒很高
衰退期（资源整合期）	市场占有率下降，需求下降，有新的服务业态出现，物流服务种类和竞争者数目减少

很多情况下，行业的衰退期往往比行业生命周期的其他三个阶段的总和还要长，大量的行业都是衰而不亡，甚至会与人类社会长期共存。例如，钢铁业、纺织业在衰退，但是人们却看不到它们的消亡。烟草业更是如此，难有终期。作为连接生产与消费流通环节中最重要的部分，物流业的生命周期与普通产品的生命周期不同，在可预见的社会发展中不能没有物流服务，但随着物流理论与实践的发展，传统的运输、仓储等物流服务会向新的业态或更高级的物流形式转变，其衰退不会是消失，而是一种整合。

2.3　物流市场竞争环境分析

著名战略管理专家迈克尔·波特在其经典著作《竞争战略》一书中指出，一个行业内部的竞争取决于5种竞争作用力，这5种竞争作用力决定了行业的利润潜力和回报率，并且最终利润潜力随着这5种竞争作用力的变化而变化。

小提示

行业吸引力和竞争分析是企业决定进出一个行业，以及明确自己所处位置以采取相应行动的基础。

2.3.1　行业吸引力

决定和影响行业吸引力的因素主要有：

（1）市场的规模、潜在的增长率、所处的行业生命周期。

（2）社会的政治、法律和环境问题、行业结构和市场需求的稳定性。

（3）资本要求、技术和创新情况。

（4）行业的经济效益。

（5）竞争程度、行业性的机会和威胁。

（6）行业进出的潜在趋势。

（7）行业发展及前景状况等。

2.3.2　物流行业竞争

对行业竞争的分析，能够帮助物流企业从总体上了解物流行业竞争状况，认清对企业影响最大的关键因素，以采取相应的措施和策略。

进行行业竞争状况分析一般运用波特5种竞争力量模型进行分析。这5种竞争力量模型包括物流行业现有企业之间的竞争、潜在进入者、替代者、供应商和购买者。波特5种竞争力量模型如图2－3所示，5种竞争力量的竞争因素如表2－4所示。

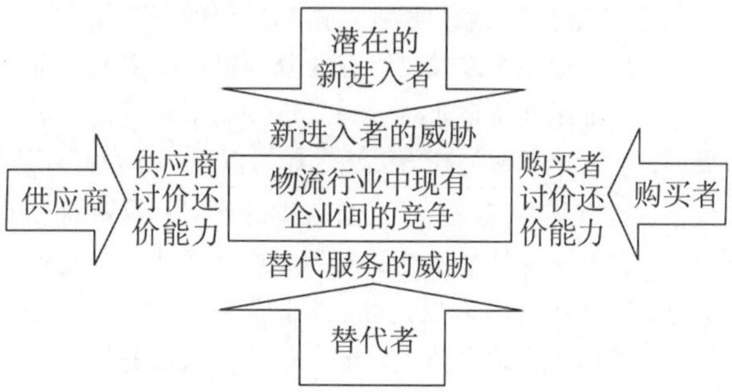

图2－3　波特5种竞争力量模型

表2-4 5种竞争力量模型及竞争因素

5种竞争力量模型	竞争因素
现有企业间的竞争	竞争者的数量及力量的对比；市场增长率；固定费用和存储费用；物流服务特色与客户的转变费用；物流服务的效率；行业发展潜力和速度；退出壁垒等
潜在进入者的威胁	进入壁垒，规模经济，经营特色，投资，资源供应，网络，其他成本因素，政府政策，原有企业的反应等
替代服务的威胁	各物流服务之间有重叠的服务项目，存在较大的可替代性
供应商讨价还价能力	运输工具等的集中化程度；产品的标准化程度；产品在物流服务中的成本比例；产品对企业运作的重要性；产品对服务质量的影响；企业采购的转换成本等
购买者讨价还价能力	集体购买；物流服务的质量水平；社会认识程度；购买者对物流服务质量的敏感性；大批量、合同式购买等

【进入壁垒】

指当物流行业在位企业赚取超额利润时，能够阻止新进入者的因素。如表2-5所示。

表2-5 进入壁垒因素及其竞争影响

进入壁垒因素	竞争影响
规模经济	在位企业的规模经济构成进入壁垒，迫使新进入者作出一个两难的选择：一方面，如果以大的生产规模进入该行业，则要冒一定的销售和在位企业抵制的风险；另一方面，如果以小的规模进入，则要承受高成本的风险
产品或服务差异	在位企业在过去的经营中，由于企业的产品特色或顾客忠诚度不同，会形成产品或服务之间的差别。新进入者不得不消耗大量资金以消除这一壁垒的影响，降低原有产品或服务的顾客忠诚度，这往往成为其初始阶段亏损的原因
资本需求	新进入的企业需要大量资金，前期投入较高，企业会考虑是否进入以及何时进入。即使资金市场可以提供资金，或企业具有较大财力，也要承担一定的风险
转换成本	转换成本指买方从原供应商处采购产品或服务转换到另一供应商时遇到的一次性成本，包括重新培训成本、新的辅助设备成本、检测考核新资源所需的时间和成本等。如果转换成本较高，则新进入者为使买方接受这种转换，就必须在其他方面有较大的优势
销售渠道	如果在位企业已经在某种程度上占据理想的分销渠道，则新进入者必须通过让利、合作、广告津贴等方式让原有的分销渠道接受其产品。这就必然减少新加入企业的利润。如果在位企业对分销渠道控制很多，则新进入者进入该行业就变得更加艰难，有时这种壁垒高得无法超越，以至新企业必须建立全新的销售渠道
与规模经济无关的优势	在位企业具有某些新进入者无法获得的优势，这种优势和规模经济无关。如通过专利或保密方法保持独享性的产品专有技术或设计特性；企业在获取原材料方面的优势。这些优势的形成，可能是因为在位企业与供应商建立了良好的关系，或原材料只能在少数地方获得；地点优势；政府补贴；在位企业的工人通过改进工作方法来提高效率

【退出壁垒】

指那些经营亏损或经济效益低的企业退出物流行业的障碍因素。当存在退出壁垒时，过剩的生产能力不能顺利离开行业，那些在竞争中处于劣势的企业被迫继续经营，继续在行业内消耗有限资源，从而降低整个行业的获利水平。这些被迫留在行业内的企业，同样会加剧行业内的竞争，如表2－6所示。

表2－6 退出壁垒因素及其影响

退出壁垒因素	竞争影响
资产专业性	企业拥有高度专用性的资产，其清算价值很低，且不易转为其他用途，则企业难以退出所处的行业
退出成本	企业退出该行业时，如果劳务合同、工人安置费用等成本过高，则企业难以退出
企业合作关系	如果企业之间有着良好的合作关系，该企业的退出将使其他企业的利益受损，其他企业会倾向于协调和劝阻这种退出
情感障碍	一些高层管理人员可能对该行业有比较深的个人感情，或者职工已经有了依附感，因担心个人前途而反对企业退出该行业
政府和社会影响	因考虑到就业和地区经济的发展，政府会积极劝阻或者制止该企业退出

【进入、退出壁垒与企业利润获得和经营风险关系】

一般来讲，从利润获得与企业所面临的经营风险角度，行业的进入和退出壁垒矩阵关系如表2－7所示。

表2－7 行业进入壁垒和退出壁垒矩阵表

退出壁垒 / 进入壁垒	低	高
低	稳定的低利润	低利润高风险
高	稳定的高利润	高利润高风险

【实战训练2－2】

小组辩论：北海港、钦州港、防城港之间的行业竞争。

训练目标：掌握波特5种竞争力量分析法，并就行业现有竞争者进行分析。

训练内容与要求：

（1）将全班同学分3个大组，分别代表北海港、钦州港、防城港三大港口；

（2）三方代表各自查询相关资料，分析各自的竞争优势，并展开辩论；

（3）要求分析专业，论据充分。

【实战训练2－3】

区域物流行业波特5种竞争力量分析

训练目标：掌握波特5种竞争力量分析法，并会灵活运用。

训练内容与要求：

（1）教师事先讲解波特5种竞争力量分析法及其具体要素；

（2）指导每一小组就某区域物流行业或某一类型物流企业进行波特5种竞争力量分析；

（3）分析完毕，撰写分析报告并制作PPT，就重点内容与其他项目小组分享。

2.4 物流企业内部环境分析

在《孙子兵法·谋攻篇》中，孙子曰："故曰：知己知彼，百战不殆；不知彼而知己，一胜一负；不知彼不知己，每战必殆。"因此，企业战略目标的制定及战略选择既要知彼又要知己，其中"知己"便是要分析企业的内部环境或条件，认清企业内部的优势和劣势。企业内部环境或条件分析目的在于掌握企业历史和目前的状况，明确企业所具有的优势和劣势。它有助于企业制定有针对性的战略，有效地利用自身资源，发挥企业的优势；同时避免企业的劣势，或采取积极的态度改进企业劣势。扬长避短，更有助于百战不殆。

企业内部环境分析的内容包括很多方面，如组织结构、企业文化、资源条件、价值链、核心能力分析等。本节主要介绍物流企业素质分析、物流企业资源分析、物流企业活力分析。

2.4.1 物流企业素质分析

物流企业素质分析主要包括3个方面：

（1）物流企业的技术素质。包括企业基础设施、设备水平和工艺水平等。

（2）物流企业的人员素质。包括技术业务素质、文化素质、身体素质、政治思想素质、管理业务素质等。

（3）物流企业的管理素质。包括管理人员的计划水平、组织能力、控制能力、协调能力和决策水平等。

2.4.2 物流企业资源分析

物流企业的资源主要有5类，分别是：

（1）财力资源。主要包括现金流量、负债能力等。

（2）物质资源。主要包括仓储、运输工具等物流设施、设备。

（3）人力资源。主要包括物流企业内的员工、技术人员、经营管理人员等。

（4）技术资源。主要包括正在应用的物流技术，已经出现但尚未应用到本企业的技术，以及未被开发出来的潜在技术等。

（5）管理资源。也称隐性资源，主要包括物流企业的组织资源、管理资源等。

物流企业资源分析体系如图 2 –4 所示。

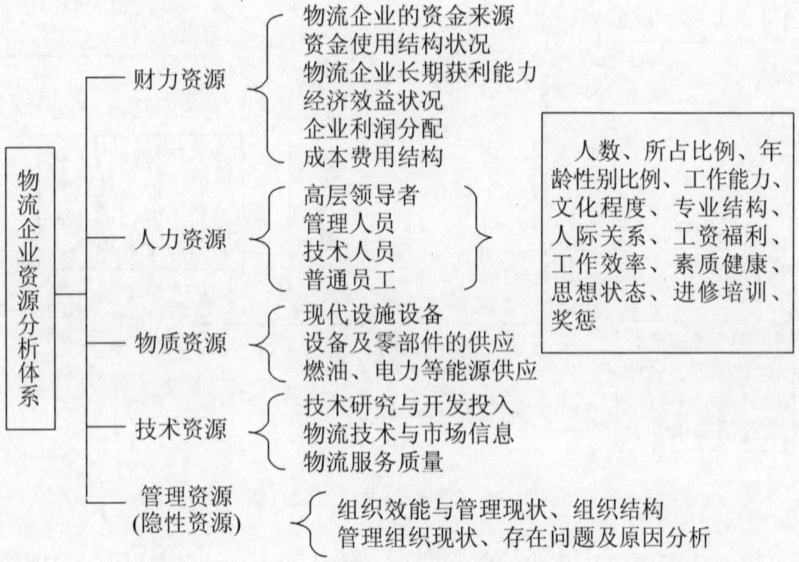

图 2 –4　物流企业资源分析体系

在对企业的内部资源进行分析之后，可以运用“利用度 – 转移性矩阵”来分析物质资源的活动状况，并进行合理调配，如图 2 –5 所示。

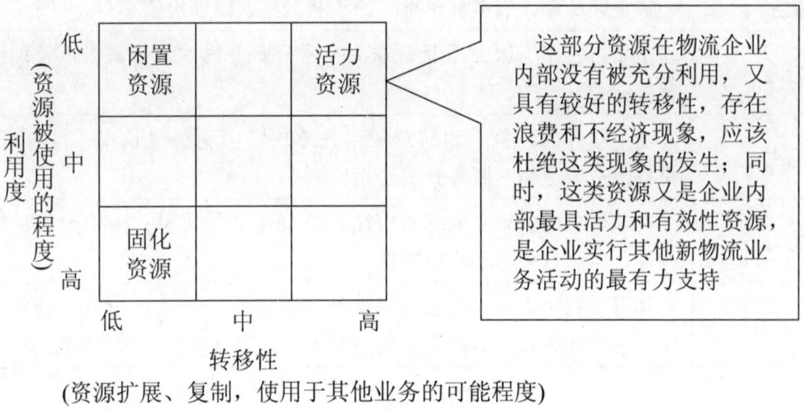

图 2 –5　“利用度 – 转移性矩阵”图

2.4.3　物流企业活力分析

物流企业活力指企业通过自身素质和能力与外界交互作用的良性循环中，所呈现出自我发展的旺盛的生命力的状态。物流企业活力状态如图 2 –6 所示。

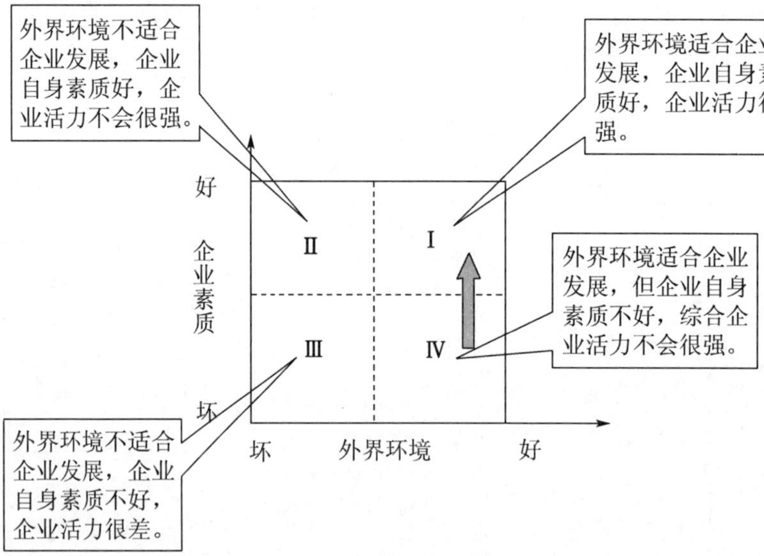

图2－6 物流企业活力状态图

物流企业活力分析可以从企业的获利能力、竞争能力、生长能力、适应能力和组织凝聚力等方面进行。物流企业活力主要分析内容如表2－8所示。

表2－8 物流企业活力主要分析内容

物流企业活力要素	主要分析内容
获利能力	资金利税率、成本利税率、销售利润率、附加价值率
竞争能力	市场占有率、服务质量、物流技术、服务成本、营销渠道及网络、供应链竞争能力
生长能力	增值服务的比例、利润总额增长率、资金利税增长率、自有资金增长率、设备改造与更新、服务开发费用比例
适应能力	物流信息的收集、处理与应用；决策速度与质量；内部改革；组织机构协调性；组织目标与环境适应性
组织凝聚力	领导、管理人员与员工的主动性、积极性；管理者与员工的相互关系；对突发事故的处理能力；员工的满意度；离职、缺勤、抱怨情况等

【实战训练2－4】

物流企业内部资源分析

训练目标：掌握物流企业内部资源分析的内容。

训练内容与要求：

（1）每一项目小组根据实战训练2－1中所选物流类型，选择一家具有代表性的物流企业进行实地调研，对其内部条件进行分析；

（2）指导每一小组分析内容必须包括物流企业素质分析、企业资源分析和企业活力分析；

（3）分析完毕，撰写分析报告并制作PPT，就重点内容与其他项目小组分享。

2.5 物流企业SWOT分析

SWOT分析经常用来分析物流企业内部优劣势和外部机会与威胁。利用这种方法可以从中找出对自己有利的、值得发扬的因素，以及对自己不利的、要避开的东西，发现存在的问题，找出解决办法，并明确以后的发展方向。SWOT分析的主要内容见表2-9。

表2-9 SWOT分析的主要内容

SWOT分析要素	分析的主要内容
优势（Strengths）	组织机构的内部因素。具体包括：有利的竞争态势；充足的财政来源；良好的企业形象；技术力量；规模经济；产品质量；市场份额；成本优势；广告攻势等
劣势（Weaknesses）	组织机构的内部因素。具体包括：设备老化；管理混乱；缺少关键技术；研究开发落后；资金短缺；经营不善；产品积压；竞争力差等
机会（Opportunities）	组织机构的外部因素。具体包括：新产品；新市场；新需求；外国市场壁垒解除；竞争对手失误等
威胁（Threats）	组织机构的外部因素。具体包括：新的竞争对手；替代产品增多；市场紧缩；行业政策变化；经济衰退；客户偏好改变；突发事件等

根据SWOT分析，可以将问题按轻重缓急分类，明确哪些是目前急需解决的问题，哪些是可以稍微拖后一点儿的事情，哪些属于战略目标上的障碍，哪些属于战术上的问题，并将这些研究对象列举出来，依照矩阵形式排列，然后用系统分析的方法，把各种因素相互匹配起来加以分析，从中得出一系列相应的结论，而结论通常带有一定的决策性，有利于领导者和管理者做出较正确的决策和规划。

小提示

SWOT分析法的主要优点在于考虑问题的全面性，是一种系统思维，而且可以把对问题的"诊断"和"开处方"紧密结合在一起，条理清楚，便于检验。

SWOT分析法常常被用于制定集团发展战略和分析竞争对手情况，在战略分析中，它是最常用的方法之一（参见图2-7）。

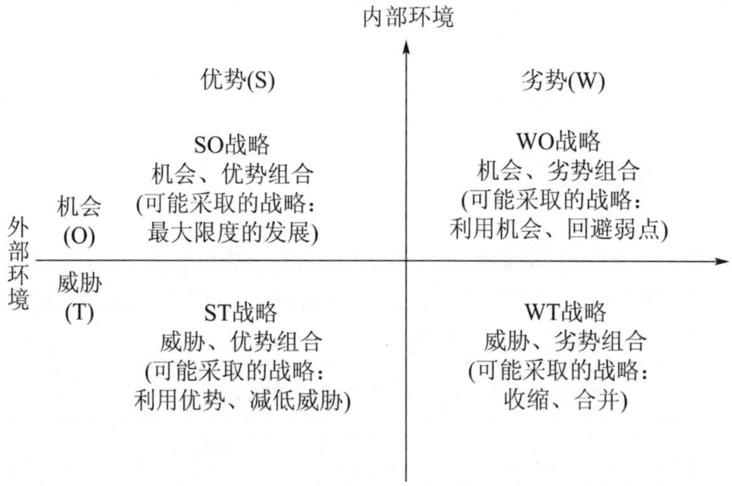

图2-7 SWOT矩阵分析图

【实战训练2-5】

物流企业SWOT分析

训练目标：掌握SWOT分析方法，并能对区域某一物流企业进行SWOT分析。

训练内容与要求：

(1) 每一项目小组根据实战训练2-4选择的具体的物流企业进行实地调研，并运用SWOT分析法对其内部优势、劣势和外部机会、威胁进行分析；

(2) 可选择的物流企业类型：大型制造企业、传统储运企业、流通批发企业、大型连锁企业、邮政物流企业、货运代理企业、国际货运业务代理企业、跨国物流企业、快递物流企业、危险品运输企业、药品配送企业等，从中选择一家具有代表性的企业进行分析；

(3) 各小组选择类型不能相同；

(4) 小组研讨选择何种类型及何种方式完成本次任务；

(5) 撰写分析报告，并以PPT形式进行小组汇报。

【重点回顾】

(1) 物流市场宏观环境分析；

(2) 物流行业竞争环境分析；

(3) PEST分析方法；

(4) 波特5种竞争力量模型分析；

(5) 物流企业内部条件分析；

(6) SWOT分析法。

任务三 分析物流市场需求

【任务描述】

- 了解物流需求分析对物流企业管理的意义；
- 能选择恰当的方法进行物流需求分析；
- 能结合某一具体物流企业调研其物流需求。

【案例呈现】

和黄天百与物美的物流合作

物美背景：物美为一家综合连锁超市，经过几年的快速扩张，其综合超市和便利店数目已达200家，由于物美没有其他企业与生俱来的仓储、运输和人力等资源，物流配送的瓶颈此时显现出来。

【案例研讨】

（1）物美物流是自营还是外包？为什么？

（2）如果你有意与物美合作，你认为应该为物美提供什么样的物流服务？

合作过程：和黄天百是香港和记黄埔集团与英国天百美达公司的合资企业。天百美达是英国一家大型物流服务商，其主业就是零售业物流。

经过竞争，和黄天百击败当地的物流公司和一家声名显赫的跨国物流公司，与物美签署了一份为期7年的外包物流合同。根据协议：和黄天百承担的第三方物流只限于管理工作。

自和黄天百接管后，为物美的300多家便利超市提供了物流配送服务，成绩还是显著的。但据一位知情人士讲，物美方面在系统、设备和库房改选上已投入了“很大一笔钱”，而且由于信息系统、人事托管、成本概念等存在很大差异和分歧，实际运作成本还在继续提升。

合作中出现的分歧：和黄天百提出，希望将进货计划与配送中心的实际运作有效结合起来，使进货计划能够合理地满足订户和最终消费者的实际需求，但物美并没有这方面的需求。

按和黄天百对于物美的现状及国内零售业发展的考虑，物美需要在未来1～2年内考虑3个方面的问题：

（1）实现尖端的供应链技术。国外零售商的竞争已演变为供应链策略与实现的竞争，即由传统的推动式向拉动式转化，使商品的流动更贴近最终消费者的需求，而非店铺要货的需求。这种技术的实现需要系统的支持和仓库自动化，其利益来自对库存成本的节省和订单满足率的提高。

（2）物美便利店的拆零率日益增高，传统的标准式货架的储存方式已不能满足需要，必须应用更为灵活的“快速分拣系统”，如采用流力式轻型货架等，来提高拣货效率，支持物美便利店的扩张。

（3）逐步全部外包运输业务，进一步降低运输管理成本，有效提高运输服务质量。

物美物流中心主任李女士认为：“他们是信息化，我们是半自动化，他们是洋炮，我们是土枪。观念上的悬殊，造成了对成本高低理解不一致。”

物美集团副董事长吴坚忠认为：“物流就是那么多事情，要么自己做，要么就外包给人家做。但是如果说和黄天百做得特别好，而让物美自己做的话就做不到，那倒不一定。现在很多零售企业自己做物流，不也有做得非常好的吗？”

【案例研讨】

（1）和黄天百为什么会与物美产生分歧？

（2）你对双方的合作有什么意见和建议？

【任务实施】

在开拓某一具体物流市场或为某一具体企业提供物流服务时，首先要分析该市场或企业需要什么样的物流服务，即分析其物流需求是什么，这样才能更有针对性地为该市场或企业服务。

3.1　了解物流需求

3.1.1　何谓物流需求

物流需求是指一定时期内社会经济活动对生产、流通、消费领域的原材料、成品和半成品、商品以及废旧物品、废旧材料等的配置作用而产生的对物在空间、时间和费用方面的要求，涉及运输、库存、包装、装卸搬运、流通加工以及与之相关的信息需求等物流活动的诸方面。

物流需求包括仓储、加工、包装、配送、运输等方面的需求，直接反映在各种社会经济活动中。

3.1.2　物流需求的特征

一般情况下，物流需求具有以下几种特征：

（1）派生性。即对某种商品或劳务的需求是由于另一种或几种商品或劳务的需求所衍生出来的。把引起派生需求的商品或劳务需求称为本源性需求。物流的产生是为了满足人们日常生活及各类企业生产和流通的需要，是各种社会经济活动派生出来的，如果没有这些需要，“物”在时空上的移动将毫无意义。物流需求量的大小和构成直接受到社会经济活动的影响。

(2) 复杂性。由于人们生活方式、消费习惯等不同，不同企业对物流服务的内容、质量等方面都有差别，物流需求在形式与内容等方面会出现差异；物流的对象（原材料、半成品和成品、废旧材料等）在性质、形状、体积等方面也存在差异，从而对仓储、运输、包装等物流作业要求也各不相同，使物流需求变得复杂。

(3) 层次性。物流由仓储、包装、配送、运输以及信息系统等要素组成，根据这些要素所提供的服务性质不同，物流需求可分为基本物流需求和增值物流需求。基本物流需求主要包括仓储、配送、装卸搬运、包装盒和运输等；增值物流需求主要包括库存管理与规划、流通加工、订单处理、方案设计等内容。随着社会经济水平的不断提高，基本物流需求趋于标准化，增值物流需求将逐渐增大。

(4) 时间性。物流需求量的大小与区域经济发展水平有着紧密联系，处于经济繁荣时期和经济萧条时期的物流活动强度必定不同，对物流的需求程度也不同。另外物流需求也会随着季节、节日、特殊活动产生变化，特别是对农产品以及以农产品为原料的生产企业产生影响较为明显。同时物流需求也会随着行业发展而产生波动，根据产品生命周期理论，物流需求在幼稚期、成长期、成熟期和衰退期四个阶段也会有所不同。

(5) 空间性。由于不同区域的物流需求在生产结构、社会经济水平、资源分布、区域位置等方面存在差异，会影响物资流动的方向。

(6) 部分可替代性。当原材料和消费地市场分离时，企业可以在运送原材料还是运送成品或半成品之间进行选择。

3.1.3 为什么会产生物流需求

(1) 自然资源地区分布不均衡，生产力布局与资源产地的分离。自然资源地区分布不均衡，而生产力布局不可能与资源产地完全一致，人类的经济活动必然要求自然资源由储藏丰富的地区向贫乏的地区流动，而随着全球经济一体化的迅猛发展，这种流动将会由一国内流动转向全球范围内的流动，使物流需求的广度和深度加剧。

(2) 生产和消费的时间和空间不一致。随着生产的社会化、专业化和区域经济的分工与合作，一方面商品的生产无论是品种还是区域都相对集中，另一方面人们的消费范围迅速扩大到世界各地。这样生产与消费的时间和空间分离也日益增大，必然产生物流需求。

(3) 消费需求及地区间商品品种、质量、性能、价格上的差异。由于地区间商品和人们消费需求的差异，也必然会引起货物在空间上的流动，从而产生物流需求。

3.1.4 影响物流需求的因素

由于物流活动日益渗透到生产、流通、消费整个社会经济活动过程之中，与社会经济的发展存在着密切的联系，是社会经济活动的重要组成部分，因而物流需求与社会经济发展有着密切的相关性，社会经济发展是影响物流需求的主要因素。

(1) 经济发展水平。物流需求是社会经济活动派生出来的，物流需求量的大小和构成受到社会经济活动的影响。

(2) 经济政策和管理体制。宏观经济政策和管理体制的变化对物流需求将产生刺激或抑制作用。

（3）市场环境。市场环境变化包括国际、中国贸易方式的改变和生产企业、流通企业经营理念的变化以及经营方式的改变等将影响物流需求。

（4）消费水平和消费理念。

（5）物流技术。技术进步诸如货物载运工具的改造、物流信息技术的进步、仓储设施的机械化、自动化等，对物流需求的量、质和服务范围均产生重大影响。

（6）物流服务水平。较高的物流服务水平会刺激物流需求的增加，而低劣的物流服务水平如交货延迟、货物破损与丢失等将会抑制物流需求的增加。

3.2 物流需求的种类

在越来越多的行业中，企业对物流服务的需求已经远远不止于传统的仓储和运输服务。不同行业对物流服务的需求在程度上和具体要求上存在很大差异，而导致这些差异的根本原因有两个，首先是各行业目前所处的行业发展阶段；其次是各行业制造运输本身的特性对物流需求的特殊要求。

物流需求一般包括生产者物流市场需求、中间商物流需求和消费者物流市场需求，如图3－1所示。

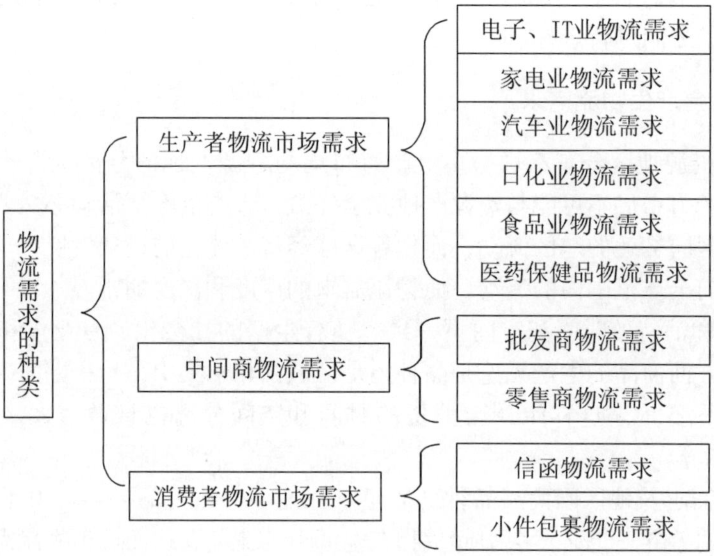

图3－1 物流需求的种类

3.2.1 生产者物流市场需求

1. 生产者总体物流需求

生产者一般处于供应链上游，由于其产品辐射范围较广，跨区域甚至跨国，其物流需求最多的是干线物流服务，一般而言，运输费用所占比例要大于配送费用。但由于部分生产者不经过中间商而进行直接销售，其配送费用会逐渐增加。随着经济全球化的逐步发展，未来很多生产企业对配送服务的需求会超过干线物流。

2. 不同行业的个性化物流需求

不同行业由于其产品的特征及生产、经营的市场要求不同，其对物流服务的需求也不尽相同，其物流运作的具体要求也不相同，如表 3－1 所示。

表 3－1　不同行业的个性化物流需求

行业类型	产品特征	物流需求特征	物流运作要求
电子、IT 业	生命周期短、更新换代快、时效性强、产品附加值高、对市场敏感	（1）要求在生产厂附近设立备货仓库或配送中心。 （2）原材料实行准时制配送。 （3）产品销售主要面向分销商和代理商。由于电子产品价格变动快，注重建立高效的销售配送体系。 （4）电子元器件大多从国外采购，需要相应的国际物流服务的支持	供应和销售侧重于快速响应和效率
家电业	（1）行业处于成熟期，物流运作总成本对其市场竞争力以至盈利能力都有重大影响。 （2）产品产量大，体积大，原材料和成品都需要较多的存储空间	（1）需要标准化、机械化设备配套。 （2）实施集约化的库存策略，由物流企业辅助产品的销售配送。如海尔、TCL 等。 （3）目前国内家电市场已日趋饱和，竞争激烈，需要开拓国际市场，进行国际化运作，国际物流服务的需求将增加	物流需求侧重于如何有效控制物流成本
汽车行业	按订单生产，体积和重量大、价值高，安全性要求很高	（1）要求零配件的 JIT 配送。 （2）对物流过程的安全要求很高。 （3）要求有专业的物流设备配套	要求有专业的物流设备配套，保证安全
日化业	社会需求量大，品种多、体积小、重量轻，价格波动不大，附加值较高。品牌众多，可替代性较强，重视产品的可得性	（1）保证产品的可得性，减少分销和零售渠道的缺货率。 （2）需要在销售物流上给予配合。 （3）由于日化产品促销较多，需要搭配包装等流通加工服务	（1）要满足分销和零售渠道的到货率要求。 （2）要求提供包装等流通加工服务
食品业	保温保鲜要求很高，不宜与其他产品混合存放，产品时效性强，生产出来后需要迅速交付	（1）对储存、物流等环境要求也较高，需要配备专业化的物流设施如冷藏车、冷藏库。 （2）快速响应能力高，交货及时	（1）保证专业化的存储场所和环境。 （2）快速响应能力高，交付及时

续上表

行业类型	产品特征	物流需求特征	物流运作要求
医药保健品行业	产品附加值高，有严格的温湿度控制，严格的有效期控制，对库存管理与控制严格，能够对即将到期的产品自动预警，加速产品的周转	（1）需要单独的专业化设施和设备来储存和运输，重视物流运作的可靠性和安全性。 （2）需要信息系统的配合，对库存严格控制与管理。 （3）需要有自动预警系统，防止产品过期	（1）信息化、现代化，能自动预警。 （2）安全性要求高。 （3）对环境要求高

3.2.2 中间商物流需求

中间商物流需求主要包括批发企业物流需求和零售企业物流需求，如表3－2所示。

表3－2 中间商物流需求

行业类型	产品特征	物流需求特征	物流运作要求
批发企业	（1）位于供应链中游，与生产企业和零售企业联系较多，在现代商品流通中承担商品汇集、仓储、分散、整理、平衡等各种功能。 （2）介于生产与零售之间，增大流通路线及销售成本，对流通效率产生影响	（1）需要满足零售商多频率、少批量的物流需求，对物流配送的需求量比较大，强调配送的准时性。 （2）由于位于供应链中游，与生产商和零售商联系较多，因此对物流系统的信息化要求较高	（1）保证配送的准时性。 （2）保证与生产商和零售商联系的及时性。 （3）信息化
零售企业	（1）位于供应链下游，接近消费终端；趋向大型化连锁经营；面向较小区域范围的消费者，各门店订单规模减小，而配送频率增加。 （2）面临的问题：厂家配送少、社会配送体统不发达，店内自行配送投资大等。 （3）商品配送效率对其经营效益有较大影响，配送费用在总物流成本中所占比例大，对配送服务需求强烈	（1）单品订单规模小，配送频率高；小批量多批次。 （2）条码与销售实时管理系统（POS）较普遍，需要自动化信息处理、有关库存情况分析等增值服务及相应的条码标签的贴附等流通加工辅助服务。 （3）大部分连锁零售企业自己建立配送中心，统一采购和配送，只将部分商品的配送交给第三方物流企业	（1）信息化。 （2）提供库存分析等增值服务和条码贴附等流通加工服务。 （3）实行小批量多批次地配送，控制缺货率

3.2.3 消费者物流市场需求

消费者物流市场需求主要体现在信函和小件包裹的快递业务（参见表3－3）。

表3-3　消费者物流需求

行业类型	产品特征	物流需求特征	物流运作要求
信函和小件包裹快递	（1）随着通信及互联网技术的发展，个人信函快速业务呈下降趋势。 （2）随着国内国际贸易的迅猛发展，商业信函快递业务逐渐增加。 （3）商业信函递送要求准时。 （4）小件包裹快递业务要求提供门到门服务	（1）商业信函和小件包裹的快递业务。 （2）快速、准时、安全。 （3）门到门服务，方便快捷	（1）快速、准时、安全。 （2）门到门

3.3　物流需求分析

物流需求分析是指将物流需求与生产需求的社会经济活动进行相关分析的过程。物流需求分析的目的在于为社会物流活动提供物流供给不断满足物流需求的依据，以保证物流服务的供给与需求之间的相对平衡，使社会物流活动保持较高的效率与效益。

3.3.1　物流需求分析的主要内容

通过物流需求分析使我们定性、定量地了解社会经济系统对物流需求的强度，因而可以进行合理的规划、建设，改进物流供给系统。

1. 物流需求的数量

物流需求的数量是指所在区域内以及该区域与周边区域发生的对物流服务需求数量的大小。一般情况下，可以将物流需求分为直接需求量与潜在需求量。

直接需求量是物流需求主体为了满足其生产经营、事业开展以及生活之需要，产生对物流社会化服务的直接需求量。从物流需求主体来看，物流的直接需求量主要有以下几个方面。

（1）工业企业对供应物流和销售物流的需求量。工业企业的生产经营形成对采购供应、成品销售、配送、库存等多种形式的物流需求。

（2）连锁商业对配送服务的需求量。连锁商业是流通业的发展方向，大力推动连锁经营的发展已经列入国家发展规划中。连锁经营的主要目的是通过集中进货、集中配送形成规模效益，以降低流通费用，提高竞争力，因此连锁经营会对配送中心和配送服务产生旺盛需求。

（3）一般消费者的物流服务需求量。随着居民生活水平的提高，消费者对服务需求的比重也将增大。这一物流需求量与城市化水平及城市化人口比例有关。一般消费者对物流服务需求的内容主要是包裹速递、商品配送、个人物品存储等。

（4）区域间货物中转运输的需求量。首先是制造企业和流通企业在本区域作为商品的分拨中心所产生的运输需求量；其次是国内大型物流企业将本区域作为物流网络的节点所产生的输运需求量；最后是货主利用本区域的运输基础设施，实现货物的快速发送和接收所产生的运输需求量。

物流潜在需求量主要指经济环境、社会环境以及物流服务环境的发展对物流需求的拉动量，是物流需求量的变化趋势。主要包括：

（1）工业企业对供应物流和销售物流的潜在需求量。

（2）连锁商业对配送服务的潜在需求量。

（3）一般消费者对物流服务的潜在需求量。

（4）区域间货物中转运输的潜在需求量。

对于潜在物流需求，在假定其他因素保持不变的条件下，如果物流服务水平下降，则物流需求量将会减少，反之则增加，如图3－2所示。因此，实现潜在物流需求向直接物流需求量正常转化的重要前提，是提高物流服务水平。

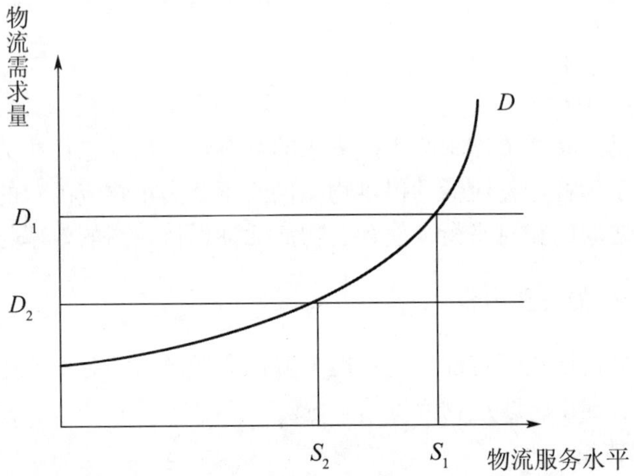

图3－2　物流需求量与物流服务水平关系

2. 物流需求的时间

物流需求的时间是指在不同的经济发展阶段区域物流的需求量随时间的变化情况。物流需求量的大小与区域经济发展水平和速度有着直接的关系。

3. 物流需求的空间

物流需求的空间是指在同一时间段，不同区域物流需求的空间分布，即按照物流需求的空间分布来分析物流需求量的大小。这一指标将影响区域物流规划中区域物流中心、配送中心的合理布局。

4. 物流需求的结构

物流需求的结构是指各种物流需求之间的比率，主要包括区域内的各种物流需求比率和区域内与区域间的物流需求比率。区域内的各种物流需求比率指区域内各类工商企业、事业单位和消费者对社会化物流服务的需求结构，这一分析结果，将影响着区域物流规划中的物流服务功能、服务规模的定位。

5. 物流需求的层次

物流需求可以分为三个层次：

（1）第一层次，也就是初级层次，只向需求方提供仓储、存货管理、发送、运输和分拨。

（2）第二层次，除提供第一层次的服务外，还可以参与订货处理、制定采购和生产计划。

（3）第三层次，除提供第一、二层次的服务外，还可以帮助实现生产控制、质量控制和信息系统管理。这一要素将影响到区域物流规划中物流服务的定位。

3.3.2　物流需求分析的方法

物流需求分析主要是通过市场调查，了解社会经济活动对于物流能力供给的需求强度，进行有效的需求管理，引导社会投资有目的地进入物流服务领域，有利于合理规划、建设物流基础设施、改进物流的供给系统。

一般情况下，我们把市场调查分为八个步骤：识别与界定问题或机会、制订调研方案、选择调查方法、选择样本、收集数据、分析处理数据、撰写调研报告、跟踪，如图3－3所示。

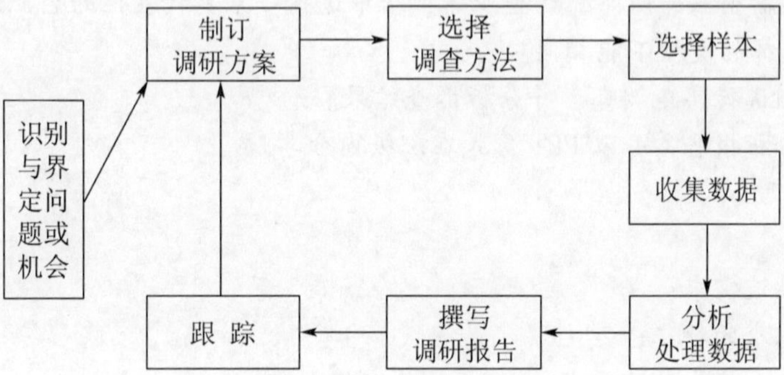

图3－3　市场调查的步骤

3.3.3　物流需求分析应注意的问题

进行物流需求分析时应注意以下问题：

（1）物流企业应自觉加强市场调查分析工作，重视市场需求分析与预测。

（2）重视发挥物流咨询研究机构的作用，注重科学预测技术与专家分析相结合。

（3）提高信息管理和利用能力，加强物流信息管理，完善物流信息系统建设，重视物流需求信息的综合分析、评估。

（4）重视对国内外成功物流企业经验的学习和借鉴，减少物流需求分析中的盲目和武断行为。

（5）加强对国际国内经济形势的分析，掌握和了解全社会物流需求特点，明确物流企业服务对象的需求在质和量方面的特点，提高物流需求分析的准确度，找准物流企业的市场切入点。

【实战训练】

企业物流需求调查分析

训练目标：通过进行企业调查，了解某一行业或某一企业具体的物流需求，为物流企业进行物流市场细分和目标市场选择打下基础。

训练内容与要求：

(1) 每一项目小组结合区域经济特点，选择某一行业中具有代表性的一家企业进行调查，了解该企业（或其客户）具体的物流需求，分析影响其物流需求的主要因素。

(2) 可选择的企业类型：大型制造企业、传统储运企业、流通批发企业、大型连锁企业、邮政物流企业、货运代理企业、国际货运业务代理企业、跨国物流企业、快递物流企业、危险品运输企业、药品配送企业等，从中选择一家具代表性的企业进行分析，要求每一项目小组选择的类型不能相同。

(3) 各小组进行实地调查，并分析调查结果。

(4) 撰写分析报告，并以PPT形式在班级内分享。

【重点回顾】

(1) 何谓物流需求；
(2) 物流需求的特征；
(3) 为什么会产生物流需求；
(4) 影响物流需求的因素；
(5) 物流需求的种类。

任务四　细分物流市场及选择目标市场

【任务描述】

- 能运用市场细分原理及步骤对物流市场进行细分；
- 能界定细分市场的有效性；
- 能根据企业自身资源合理选择目标市场；
- 能结合企业自身条件及区域物流市场需求对企业进行合理定位。

【案例呈现】

富日物流公司的目标市场选择及企业定位

富日物流公司为G市多家超市、便利店和卖场提供配送服务，永乐、苏宁、国美家电连锁店以及华润万佳超市等大型零售商在该市的物流配送都交由它来完成。

富日公司虽然成立没有几年，但客户已从最初的几家发展到现在的150多家，2002年完成仓储物流吞吐量26万吨。其快速发展的原因，就在于它从一开始的目标市场定位。

1. 市场调查结果分析

富日物流公司成立之初，相关人员曾对G市的物流市场做过一个调查，包括该市的地理位置、基础建设、市场区域等。调研结果显示，地处流通经济异常活跃的长江三角洲，G市这几年零售业超市大型化和连锁店经营发展迅猛，仅市区就有1 600个门店。而这些连锁店所面临的共同问题就是店内自行配送投资太大而且管理困难，急需一个独立的平台来提供物流配送服务。

2. 目标市场选择及其企业定位

如此诱人的市场空缺，富日公司没有错过机会，它们及时建造了一个20万平方米的配送中心，可以同时储存食品、电器、化妆品、药品、生活用品等8 000多个品种，很好地解决了当地商业流通行业因为商品多样化带来的仓储难题。同时，为了提高车辆的满载率，富日物流公司通过信息化系统的准确调度，将不同客户送往同一区域、同一线路的货品合理配车作业，大大降低了运作成本。

【案例研讨】

1. 简要分析富日物流公司的目标市场是什么？为什么选择该目标市场？

2. 富日物流公司的企业定位是什么？对准备进入物流市场的新企业而言有何借鉴意义？

【必备知识】

4.1 物流市场细分

4.1.1 物流市场细分的含义

市场细分（Market Segmentation）的概念是美国市场学家温德尔·史密斯（Wendell R. Smith）于20世纪50年代中期提出来的：企业通过市场调研，分析消费者的购买心理、行为和习惯等方面的差异，把某一产品的市场整体划分为若干消费者群的分类过程。

物流市场细分：指根据物流需求者的不同需求和特点，将物流市场分割成若干个不同的小市场的分类过程。

每一个消费者群就是一个细分市场，每一个细分市场都是具有类似需求倾向的消费者构成的群体。通过物流市场细分，物流市场将划分为不同的子市场，而每个子市场的物流需求者都有类似的消费需求、消费模式等，而不同子市场的需求者则存在着需求和特点的明显差异。

小提示

> 市场细分使物流企业能够识别有相似需求的客户群体，分析这些群体的特征和购买行为，有效地提供专业的物流服务。

4.1.2 物流市场细分的作用

物流企业可针对不同的细分市场，采取相应的市场营销战略，使企业的服务更符合各种不同特点的客户需要，从而在各个细分市场上扩大市场占有率，提高产品和服务的竞争能力。

（1）有利于物流企业挖掘和开拓市场机会，确定适宜的目标市场。

（2）通过分析目标市场消费群体的需求特征，有利于物流企业提供恰当的物流产品，制定适宜的市场营销策略。

（3）有利于物流企业充分发挥自身的优势，扩大市场占有率，提高自身的竞争能力。

4.1.3 有效细分市场的特征

物流企业进行市场细分的目的是通过对顾客物流需求差异予以定位，以取得较大的经济效益。物流服务的差异化必然导致物流成本相应增长，企业必须在市场细分所得收益与市场细分所增成本之间做一权衡。

一般情况下，有效的细分市场必须具备以下特征：

（1）可衡量性。指各个细分市场的购买力和规模能被衡量。如果某些细分变数或购买者的需求和特点很难衡量，细分市场后难以描述，无法界定，那么市场细分就失去了意义。一般来说，一些带有客观性的变数，如年龄、性别、收入、地理位置、民族等，都易于确定，并且有关的信息和统计数据也比较容易获得；而一些带有主观性的变数，如心理和性格方面的变数，就比较难以确定。

（2）可赢利性。细分市场的规模要大到能够使企业足够获利的程度，使企业值得为它设计一套营销规划方案，以便顺利地实现其营销目标，并且有可拓展的潜力，以保证按计划能获得理想的经济效益和社会服务效益。

（3）可进入性。所选定的细分市场必须与企业自身状况相匹配，企业有优势占领这一市场。考虑市场的可进入性，实际上是研究其营销活动的可行性。

（4）差异性。细分市场在观念上能被区别并对不同的营销组合因素和方案有不同的反应。

（5）相对稳定性。细分后的市场能否在一定时间内保持相对稳定，直接关系到企业生产营销的稳定性。

4.1.4　物流市场细分的依据

根据物流市场的特点，物流企业可按照客户行业、地理区域、物品属性、客户规模、时间长短、服务方式和利润回报等对物流市场进行细分。如图4－1所示。

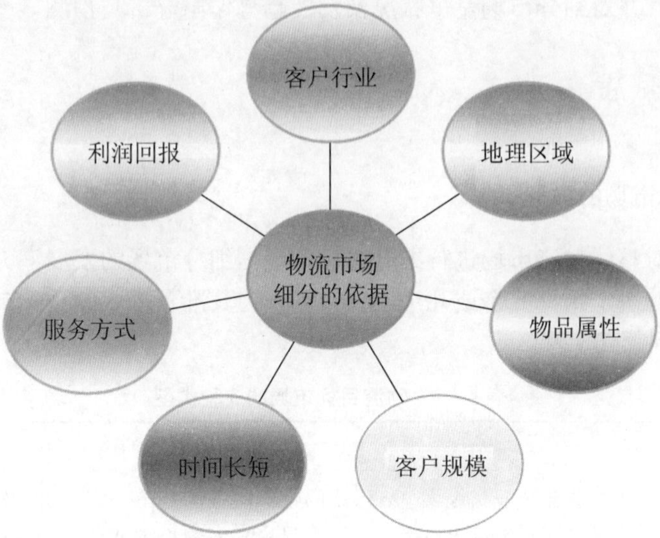

图4－1　物流市场细分的依据

（1）客户所属的行业性质。可将物流市场分为农业、制造业、商贸业等。

（2）地理区域。可将物流市场分为区域物流、跨区域物流和国际物流。

（3）物品属性。可将物流市场细分为投资品市场和消费品市场。

（4）客户规模。可将物流市场细分为大客户、中等客户和小客户。

（5）时间长短。可将顾客细分为长期客户、中期客户和短期客户。

（6）服务方式。可将物流市场分为单一型物流服务方式和综合型物流服务方式。

（7）利润回报。可将物流市场细分为高利润产品（服务）市场和低利润产品（服务）市场。

4.1.5 物流市场细分的步骤

物流市场细分直接关系到物流企业未来的经营。进行物流市场细分主要有以下七个步骤：

（1）选定产品和服务市场范围。企业根据自身的经营条件和经营能力确定进入什么行业，提供什么服务，需求规模有多大，服务对象是谁。

（2）列举潜在顾客的基本需求。列出选定市场范围内所有潜在顾客的各种需求，主要是心理的、行为的和地理的特征，作为以后企业深入研究市场的基本资料和依据。

（3）分析潜在顾客的不同需求，初步划分市场。企业将列出的各种需求交由不同类型的顾客挑选出他们最迫切的需求，最后集中顾客的意见，选择几个作为市场细分的标准。

（4）筛除共同需求，突出潜在顾客的特殊需求作为细分标准。

（5）根据潜在顾客基本需求上的差异，划分相应的市场群，并赋予一定的名称，名称应能反映这一消费者群的特质。

（6）进一步分析每一细分市场的不同需求与购买行为特点，确定是否可以对这些细分出来的市场进行合并，或作进一步细分，从而使企业不断适应市场的发展变化。

（7）分析每一细分市场的规模，判断每一细分市场的顾客数量、购买频率、平均每次的购买数量等，并对细分市场竞争状况及发展趋势作出分析与预测。

4.2 选择目标市场

4.2.1 物流目标市场的类型

物流企业在对整体物流市场进行细分之后，根据细分市场的发展潜力、竞争状况、本企业的资源条件等决定选择一个或几个细分市场作为其准备进入的目标市场。表4－1为物流目标市场的5种类型。

表4－1 物流目标市场的5种类型

物流目标市场类型	市场特征
密集单一市场	物流企业只提供单一形式的物流服务满足单一客户群的需要。如某保税仓储公司只为进出口客户群提供保税仓库的租赁业务。密集单一市场具有一定的风险性，个别密集单一细分市场可能出现不景气的情况
有选择的专业化市场	选择若干个细分市场，其中每个细分市场在客观上都有吸引力，并且符合企业的目标和资源。这种多细分市场目标优于单细分市场目标，因为这样可以分散公司的风险，即使某个细分市场失去吸引力，企业仍可继续在其他细分市场获取利润。例如中国远洋物流公司在细分市场的基础上，重点开拓了汽车物流、家电物流、项目物流、展品物流，为客户提供高附加值服务
产品专业化市场	物流企业针对各类客户的需求只提供一种形式的物流服务，满足各类客户群的需要。如某些物流咨询公司专门提供物流运用软件。产品专业化市场有助于在某个产品和服务方面树立起很高的声誉

续上表

物流目标市场类型	市场特征
市场专业化	物流企业为满足某类顾客群体的各种需要而服务。例如某物流公司专门针对大学物流综合实训室建设提供一系列产品，包括货架、自动化立体仓库、物流软件、托盘等。公司专门为高校客户群体服务，并通过巩固与客户的关系，获得良好的声誉
完全覆盖型市场	物流公司通过各种产品满足各种顾客群体的需求。因其资源与自身条件的限制，完全覆盖型市场一般只有大公司才能进入

4.2.2　物流目标市场选择的标准

在进行物流市场细分之后，物流企业应结合自身的资源优势和市场细分情况合理选择和确定自己的目标市场。物流企业选择目标市场是否适当，直接关系到企业未来经营的成败以及市场占有率。因此，选择目标市场时，必须认真评价细分市场的价值，分析研究是否值得去开拓，能否实现以最少的人财物消耗，取得最大的销售效果。

一般来说，一个细分市场要能成为企业的目标市场，必须具备以下几个条件：

（1）目标市场有一定的规模和发展潜力，具有较理想、尚未满足的消费需要。顾客拥有一定的购买力，目标市场具有足够的销售量及营业额。

（2）目标市场有一定的购买力。

（3）市场竞争还不激烈，竞争对手未完全控制市场。

（4）目标市场符合物流企业的发展目标和能力。

（5）在被选择的目标市场上本企业具有竞争优势。

只有选择那些企业有条件进入、能充分发挥其资源优势的细分市场作为目标市场，企业才会立于不败之地。

4.3　物流企业市场定位

在选择目标市场后，企业要想顺利进入市场并在该市场上站稳脚跟，必须在客户心目中树立起独特的品牌形象和企业形象，才能防止客户轻易地转向竞争对手。这种在目标客户心目中树立企业及产品特定形象的线路，就是市场定位策略。如一提到UPS和FEDEX，人们马上就会与限时速递联系起来。

4.3.1　物流企业市场定位

1. 物流企业市场定位的概念

市场定位是指企业根据竞争者现有产品和服务在市场上所处的位置，针对顾客对该类产品某些特征或属性的重视程度，为本企业产品和服务塑造与众不同的、给人印象鲜明的形象，并将这种形象生动地传递给顾客，从而使该产品和服务在市场上确定适当的位置。

物流企业市场定位是指物流企业根据市场竞争状况和自身资源条件，建立和发展差异化优势，以使自己的服务在客户心目中形成区别并优于竞争者服务的独特形象。

2. 物流企业市场定位实施的步骤

(1) 分析目标市场的现状，识别可能的竞争优势。

适当的市场定位首先要明确自身潜在的竞争优势，要在市场调查与分析的基础上，掌握影响市场定位的各种因素。

消费者一般都选择那些给他们带来最大价值的产品和服务。因此，赢得和保持顾客的关键是比竞争者更好地理解顾客的需要和购买过程，以及向他们提供更多的价值，提供比竞争者较低的价格，或者是提供更多的价值以使较高的价格显得合理。

(2) 选择合适的竞争优势，对目标市场初步定位。

竞争优势表明企业能够胜过竞争对手的能力。这种能力既可以是现有的，也可以是潜在的。通过分析、比较企业与竞争者在经营管理、技术开发、采购、生产、市场营销、财务和产品等七个方面究竟哪些是强项，哪些是弱项，选出最适合本企业的优势项目，以初步确定企业在目标市场上所处的位置。

企业需要避免三种主要的市场定位错误：第一种是定位过低，不能显示自己的特色；第二种错误是过高定位，即传递给购买者的公司形象不够突出；第三种是企业必须避免混乱定位，给购买者一个混乱的企业形象。

(3) 显示独特的竞争优势和重新定位。

一旦选择好市场定位，企业要通过一系列的宣传促销活动，将其独特的竞争优势准确传播给潜在顾客。企业所有的市场营销组合必须支持这一市场定位战略。

4.3.2 物流企业目标市场定位的策略

目标市场定位实质上显示一种商品或企业与类似商品或企业的竞争关系。定位策略不同，竞争态势也不同。表4-2概括了物流企业目标市场的4种定位策略。

表4-2 物流企业目标市场的4种定位策略

物流企业目标市场定位策略	表现特征
避强定位策略	企业力图避免与实力最强的或较强的其他企业直接发生竞争，而将自己的产品和服务定位于另一市场区域内，使自己的产品在某些特征或属性方面与最强或较强的对手有比较显著的区别。其优点在于能使企业较快地在市场上站稳脚跟，并能在消费者或用户心中树立形象，风险小。但是避强往往意味着企业必须放弃某个最佳的市场位置，很可能使企业处于最差的市场位置
迎头定位策略	企业根据自身的实力，为占据较佳的市场位置，不惜与市场上占支配地位的、实力最强或较强的竞争对手发生正面竞争，而使自己的产品和服务进入与对手相同的市场位置。这是一种与最强企业“对着干”的定位方式。这种定位的方式，在竞争过程中往往相当惹人注目，甚至产生所谓轰动效应，企业及其产品和服务可以较快地为消费者或用户所了解，易于达到树立市场形象的目的，但往往伴随着较大的风险
市场补缺定位策略	寻找新的尚未被占领但有潜在市场需求的位置，填补市场上的空缺，生产市场上没有的、具备某种特色的产品和服务。采用这种定位方式时，公司应明确本企业有没有具备进入该市场的特殊条件和技能，有无足够的市场容量，能否为公司带来合理而持续的盈利等

续上表

物流企业目标市场定位策略	表现特征
重新定位策略	对销路少、市场反应差的产品进行二次定位，旨在摆脱困境，重新获得生长和活力。即使未陷入困境，经常评估客户兴趣点的变化，也有利于发现扩大销售范围的机会。重新定位是以退为进的策略，目的是为了实施更有效的定位

市场定位是设计公司产品和形象的行为，以使公司明确自己在目标市场中相对于竞争对手的位置。公司在进行市场定位时，应慎之又慎，要通过反复比较和调查研究，找出最合理的突破口，避免出现定位混乱、定位过度、定位过宽或定位过窄的情况。而一旦确立了与企业目标相一致的定位，公司必须通过一致的表现与沟通来维持此定位，并应经常加以监测以随时适应目标顾客和竞争者策略的改变。

【实战训练】

区域物流市场细分

训练目标：通过进行社会调查，了解某区域物流市场需求，并根据某一细分依据对该区域物流市场进行细分。

训练内容与要求：

(1) 每一项目小组对所在区域物流市场进行调研，分析该区域物流市场需求；

(2) 选择某一细分依据，对该区域物流市场进行细分；

(3) 撰写分析报告，并以PPT形式在班级内分享；

(4) 邀请企业专家一起对学生的分析报告提出意见和建议；

(5) 学生根据专家的意见和建议，再次对该区域物流市场进行合理细分。

【重点回顾】

(1) 物流市场细分；

(2) 物流市场细分的依据；

(3) 物流市场细分的步骤；

(4) 物流目标市场选择的标准；

(5) 物流企业市场定位策略。

模块二　物流企业营销策略选择

任务五　选择物流企业营销策略

【任务描述】

- 理解物流企业市场定位的思路方法，能够针对目标市场进行营销策略选择；
- 掌握物流产品整体和物流产品组合概念，掌握物流产品品牌策略，掌握物流产品生命周期策略，熟悉物流产品新产品开发策略；
- 掌握影响物流企业产品定价的因素，掌握物流企业产品定价的基本方法；
- 具备运用分销渠道基本知识和原理来分析和解决实际问题的基本技能；
- 了解物流企业促销的目标及作用，掌握物流企业的促销策略，能够运用各种促销方式开展促销活动。

【案例呈现】

宝供物流公司的营销策略

宝供物流企业集团有限公司（P. G. LOGISTICS GROUP CO. LTD）创建于1994年，总部设在广州，是国内第一家经国家工商总局批准、以物流名称注册的企业集团，是中国最早运用现代物流理念为客户提供物流一体化服务的专业公司，也是目前我国最具规模、最具影响力、最领先的第三方物流企业。当前，公司已在全国65个城市设有7个分公司、8个子公司和50多个办事处，形成了一个覆盖全国并开始向美国、澳大利亚、泰国、中国香港等地延伸的国际化物流运作网络和信息网络，与国内外近百家著名企业结成战略联盟（其中包括宝洁、飞利浦、联合利华、安利、通用电器、松下、三星、东芝、LG、壳牌、丰田汽车、雀巢、卡夫等52家世界500强企业），为他们提供商品以及原辅材料、零部件的采购、储存、分销、加工、包装、配送、信息处理、信息服务、系统规划设计等供应链一体化的综合物流服务。2002年12月宝供集团被中国物流与采购联合会命名为“中国物流示范基地”，成为入选的唯一一家第三方物流企业。同时也是中国物流百强企业、中国5A级物流企业。

宝供的客户一般都是世界500强或国内大中型企业，宝洁、联合利华、三星、中石油、李宁等众多知名企业，而这些客户需要物流企业提供能整合多种资源和专业物流解决方案的增值服务，所以宝供全面创新物流服务模式，优化业务流程，整合物流供应链，以"量身定做、一体化运作、个性化服务"模式满足客户的个性化要求。

如今，国内以"物流"命名的企业已经超过七十万家。随着整个市场被培育起来，特别当产品、服务开始出现同质化趋势之后，如何让品牌在竞争中脱颖而出，是每个物流企业都必须面对的问题。

宝供作为中国本土发展起来的物流企业也深谙品牌运作之道，不仅在物流网络、信息化建设等硬件上下工夫，更重要的是在客户心目中树立了宝供的专业形象。一直以来，宝供在品牌管理和传播方面的工作从未间断过。在品牌定位上，由于物流市场进入的壁垒不是很高，在产品同质化严重、竞争激烈的市场当中只有品牌和核心竞争力不可复制。让客户提到宝供就联想到"专业、服务、价值"，这是品牌推广的最高层次，也是品牌价值所在。

作为第三方物流服务提供商，宝供在为国内知名跨国日化公司宝洁做物流配送方案的过程中，通过构建区域分销中心、无纸下单作业、信息在途跟踪等方式，强化了库存管理，提高了产品到达的及时率与准确率，加快了信息反应速度，为企业在产品分销与库存管理、信息系统建设方面提供了专业、优质、高价值的一体化供应链物流全面解决方案。可以说宝供的品牌就是在为宝洁做储运的过程中逐步打拼出来的。

【案例研讨】

1. 宝供物流产品品牌是否有进一步开发的机会？
2. 宝供物流的品牌策略对其他物流公司有何借鉴意义？

【任务实施】

物流企业选择的目标市场不同、企业定位不同，其市场营销策略也不一样。一般情况下，物流企业采取的营销策略主要有如表5-1所示的3类。

表5-1　物流企业主要营销策略

营销策略	表现特征	优　点	缺　点
无差异性营销策略	无差异性营销策略是企业以一种产品、一种市场营销组合，试图在整个目标市场吸引尽可能多的消费者的策略，把整个市场作为一个大目标开展营销，它们强调消费者的共同需要，忽视其差异性	最大优点是成本的经济性。大批量的生产必然降低单位产品成本，能节省大量的调研、产品开发、广告宣传、管理等费用，从而取得较佳的经济效益	缺点是市场适应性较差。市场环境是在变化的，随着消费者经济收入的提高，一种产品能长时间被所有消费者接受是极少的。这种策略对于需求广泛、市场同质性高且能大量生产、大量销售的产品比较合适

续上表

营销策略	表现特征	优　点	缺　点
差异性营销策略	企业经过市场细分，在选择的目标市场推出多种物流服务产品，分别采取不同的营销策略，这种策略就称为差异性市场策略	小批量、多品种、机动灵活、市场适应性强。能够有针对性地满足不同顾客群体的消费需求，扩大市场范围，提高产品的竞争能力，增强市场经营抗风险能力	（1）增加营销成本。由于产品品种多，管理和存货成本将增加；相对独立的营销计划，会增加企业在市场调研、促销和渠道管理等方面的营销成本； （2）企业的资源配置不能有效集中，顾此失彼，甚至在企业内部出现彼此争夺资源的现象，使拳头产品难以形成优势
集中营销策略	企业集中力量在选择的目标市场实行专业化生产和经营。与其四处出击收效甚微，不如突破一点取得成功	集中资源优势在大企业尚未顾及或尚未建立绝对优势的某个或某几个细分市场进行竞争，成功的可能性更大。集中性市场战略一般适用于中小企业，或企业发展的初期	市场区域相对较小，企业发展受到限制，潜伏着较大的经营风险。一旦目标市场突然发生变化，如消费者趣味发生转移或强大竞争对手进入或新的更有吸引力的替代品的出现，都可能使企业因没有回旋余地而陷入困境

实行差异性营销策略和无差异性营销策略，企业均是以整体市场作为营销目标，试图满足所有消费者在某一方面的需要；实行集中目标市场营销策略的企业不是追求在一个大市场角逐，而是力求在一个或几个子市场占有较大份额，3种营销策略的比较分析如表5－2所示。

表5－2　3种营销策略比较分析

比较要素	无差异策略	差异性策略	集中性策略
理论基础	成本的经济性	客户需求的异质性	经营的专业化
指导思想	把客户看成是具有相同需求的整体	对不同细分市场设计不同的营销活动	突破一点取得成功
优点	减少生产与储运成本；节省促销费用；减少营销投入	更好地满足消费者需求；减少经营风险；提升企业形象及市场占有率	集中资源优势；局部市场成功
缺点	适用产品极少；市场竞争激烈；易受竞争对手攻击	增加营销成本；资源配置不能有效集中	市场区域小；经营风险较大

续上表

比较要素	无差异策略	差异性策略	集中性策略
适应范围	产品同质性高，市场同质性高，产品处于投入期	企业实力强，产品同质性低，市场同质性低，产品处于成长期或成熟期	企业实力不强，产品同质性低，市场同质低，产品处于衰退期
	竞争者采用无差异策略	竞争者采用差异性或无差异性策略	竞争者采用差异性策略

上述3种营销策略各有利弊，物流企业到底采取哪一种策略，应综合考虑企业资源、产品、市场、产品生命周期及竞争者等各种因素（参见表5-3）。

表5-3　选择目标市场营销策略应考虑的因素

考虑因素	策　略　选　择
（1）企业资源或实力	技术、财力等很强，采用差异性营销策略，反之则采用集中性营销策略
（2）产品的同质性	指在消费者眼中，不同物流企业产品的相似程度。相似程度高，则同质性高，采用无差异策略；同质性低，可采用差异性营销策略或集中性营销策略
（3）市场同质性	指各细分市场客户需求、购买行为等方面的相似程度。市场同质性高，意味着各细分市场相似程度高，可采用无差异性策略，反之则宜采用差异性或集中性营销策略
（4）产品所处生命周期的不同阶段	投入期，市场需求少，竞争不多，可采用无差异策略；成长期或成熟期，市场竞争激烈，可采用差异性策略，确保竞争地位。衰退期，为延长物流服务生命周期，全力对付竞争对手，可采用集中性策略
（5）竞争者的市场营销策略	竞争对手采用差异性营销策略，企业应采用差异性或集中性营销策略与之抗衡；竞争对手采用无差异性策略，则企业可采用无差异性或差异性策略
（6）竞争者数目	竞争者数目少，竞争不激烈，可采用无差异性策略；反之则采用差异性或集中性策略
（7）其他需要考虑的因素	目标市场的道德选择，细分市场的相互关系；超级细分公司逐个细分市场进入的计划等

无论是哪一类营销策略，在其具体执行时，主要是从物流企业产品和服务策略、物流企业定价策略、物流企业分销渠道策略及物流企业促销策略做起。

5.1　物流企业产品及服务策略

5.1.1　物流企业产品及产品组合策略

1. 物流企业产品及其整体概念

物流业隶属于第三产业范畴，物流企业的产品与其他类型的企业不同，其实质是一种服务，是对有物流服务需求的个人或组织提供的服务。物流企业服务的本质是满足客户的需求。

物流产品是指物流企业为了满足客户的物流需求，在开展一系列物流活动的过程中向物流消费者提供的各种物流服务。

物流产品的整体结构，一般包括核心产品、有形产品和附加产品三个层次。

例如：可用三个层次来表示运输企业的服务产品（如图 5－1 所示）。运输企业根据细分的市场有针对性地为用户提供服务。

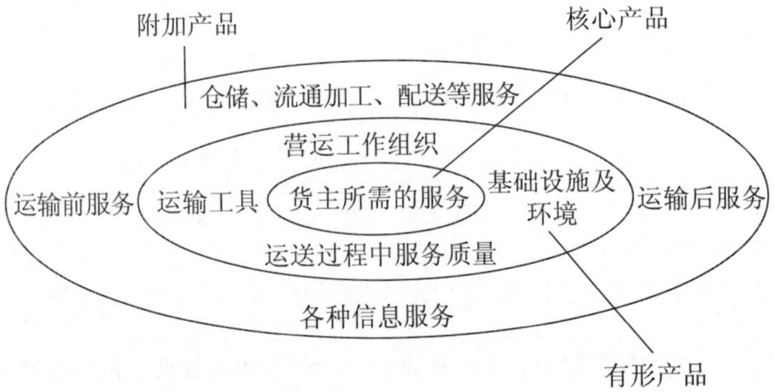

图 5－1　物流产品的三个层次

（1）核心产品。核心产品也称实质产品，是指产品能够提供给购买者的基本效用或益处，是购买者所追求的中心内容，是顾客真正要买的东西，因而在产品整体概念中也是最基本、最主要的部分。现代营销学的奠基人之一西奥多・莱维特曾经指出：购买者“并不是要买 1/4 英寸的钻头，而是要买 1/4 英寸的钻孔”。营销人员必须找到每一种产品给消费者带来的核心利益，并且出售这些利益，而不仅仅出售各种外部特征。物流企业的核心产品通常就是为顾客提供符合其特定需要的时间和空间位移效用和利益。

（2）有形产品。有形产品是指产品在市场上出现时的具体物质外形，核心产品只有通过有形产品才能体现出来。如果有形产品是实体物品，则它在市场上通常表现为产品质量水平、外观特色、式样、品牌名称和包装等。企业应首先着眼于顾客购买产品时所追求的利益，以求完美地满足顾客的需要，再从这一点出发去寻求利益得以实现的形式，进行产品设计。

物流企业的有形产品一般是指为顾客提供运输服务的车辆、船舶、飞机等工具的类型及型号，基础设施布局及环境，航班、车次、航次等状况。总之，在物流活动中所展现出来的、可以被客户感知的、看得见、摸得着的，都属于物流服务有形产品的有效部分。

（3）附加产品。附加产品是指顾客购买有形产品时所获得的全部附加服务和利益。物流企业的附加产品通常是指货物装卸、免费送货、咨询、报关、报价、存储、流通加工、售后服务等增值物流服务（参见表 5－4）。

表 5－4　目前我国物流企业的几种增值服务模式

增值服务模式	具 体 表 现
仓储型增值服务	依据企业本身拥有的仓储设施来开展增值服务。为客户提供材料及零部件的到货检验；材料及零部件的安装；全天候收、发货窗口；产品的重新包装和产品组合服务；为特殊客户提供低温冷藏等特殊需求的服务；为顾客提供存货查询功能
信息型增值服务	依据企业信息技术的优势把信息技术融入物流作业当中。向供应商下订单，提供相关财务报告；接受客户订单；利用对数据的积累和整理，对客户的需求预测，提供咨询支持；运用网络技术向客户提供在线的数据查询和在线帮助服务
第四方物流增值服务	向客户提供全面意义上的供应链解决方案；帮助客户制定物流总体发展战略、阶段性实施计划、各职能部门的战略规划与选择等；根据客户发展物流的战略目标，设计组织框架，建立合理、有效的决策指挥系统；对客户涉足的产业行业和物流领域展开各种形式、各种内容和各种规模的市场调查；根据公司的营销战略，提出物流支持企业营销的解决方案，以扩大公司市场份额；为顾客开展企业诊断服务，进行业务流程再造
金融增值服务	企业通过提供金融增值的物流服务，使顾客盘活资金，提升其在整体供应链中的竞争力，同时获得高附加值的物流利润。如提供仓单质押贷款服务等
承运人型增值服务	承运货物运输的快运公司、集装箱运输公司，最适宜从事此类增值服务。如提供全程追踪服务；电话预约当天收货；车辆租赁服务；对时间敏感的产品提供快速可靠的服务；对温度敏感的产品提供快速可靠的服务如冷藏、冷冻运输；信誉好的承运人甚至可以为客户提供承运人的评估选择，运输合同管理服务等

资料来源：崔亚琼. 对我国物流企业增值服务的探讨. 新西部，2008，18 期。

物流服务产品的附加产品形式可以直接成为物流企业市场营销和促销的手段，也会成为物流企业赢得市场竞争的重要工具。

上述三个层次的产品相互依存，构成完整的产品概念。

2. 物流产品组合

产品组合是指某一企业所生产或销售的全部产品大类、产品项目的组合。物流服务产品组合是指物流企业为了满足不同物流服务需求者的需求，开发的服务种类及服务产品的组合。产品组合一般包括若干产品线，每一条产品线内又包括若干产品项目。一个产品项目往往具有一个特定的名称、型号或编号。

物流服务产品组合既可以反映企业的经营范围，又可以反映企业市场开发的深度。

（1）产品线。指具有功能相似、用户相同、分销渠道统一等特点的产品项目的集合。可以把能满足同一种消费需求的，或必须放在一起使用的，或经由同一销售渠道出售的，或同时属于某价格范围的一组相关产品称为一条产品线。比如：工业中多按产品的品种、类别、型号划分产品线；航运企业多按航线（或营运线路）来划分产品线；如物流企业提供运输和仓储两项服务，则运输和仓储就分别是两条产品线。

（2）产品项目。指在同一产品线或产品系列下不同型号、规格、款式、质地、颜色或品牌的产品或服务类别。具体来说如海尔公司众多规格型号的洗衣机中，“小神童”就是其中的一个产品项目；比如某物流公司的海运物流运输业务有：危险货物运输、散装货物运输、液体货物运输、易碎货物运输四种产品项目。

（3）产品组合。指一个企业在一定时期内生产经营的各种不同产品的全部产品、产品项目的组合，包括宽度、长度、深度和关联性四个要素。

- 宽度（或称为广度）。指一个物流企业经营的产品大类数，比如某物流公司有快速运输、配送、流通加工三个产品大类。
- 长度。指一个物流企业的产品组合中包含的产品项目总数。
- 深度。指每一个产品大类所拥有的产品项目的数目。
- 关联性。指一个物流企业的各个产品大类在最终使用、生产条件、分销渠道等方面的密切相关程度。比如运输服务和仓储服务之间的关联等。

图5－2给出了产品组合中的宽度与深度的一般描述。

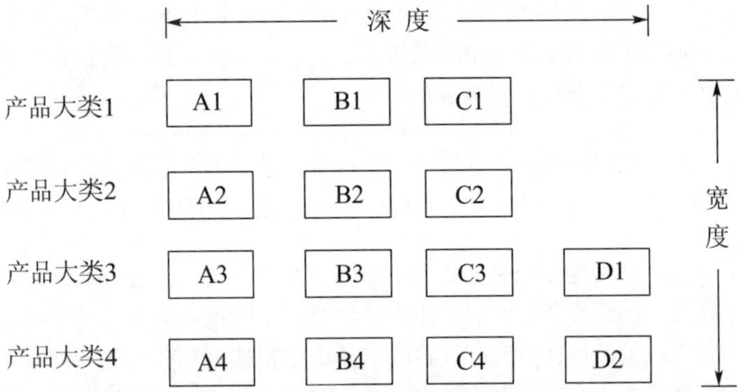

图5－2　物流企业产品组合

从图5－2中可以看出，产品组合为4个产品大类，1、2大类各有3个产品项目，3、4大类各有4个产品项目，共有产品项目14个。即产品组合宽度为4个，产品大类1的深度为3个，产品大类2的深度为3个，产品大类3的深度为4个，产品大类4的深度为4个，产品组合长度为14个，平均深度（产品组合长度/产品组合宽度）为3.5个。

例如，中远集团的产品线有：美洲航线（产品项目数为2），欧洲航线（产品项目数为2），大西洋航线（产品项目数为1），澳大利亚、新西兰航线（产品项目数为4），南非南美航线（产品项目数为1），波斯湾航线（产品项目数为2），东南亚航线（产品项目数为2），日本航线（产品项目数为12），韩国航线（产品项目数为8）。这表明中远集团的产品组合宽度为9个，产品组合长度为34个，平均深度为3.8个。

3. 物流产品组合策略

物流企业应根据市场的变化及自身资源优势，选择不同的产品组合策略（参见表5－5）。

表5－5 物流产品组合策略及其优缺点

产品组合策略	特征	优点	缺点
全线全面型策略	扩大产品组合的宽度，加深产品组合的深度，企业经营范围较广	有利于利用企业现有的资源，扩大销售额，分散经营风险，占领更多的细分市场，提高市场占有率和竞争力，减少市场季节性波动和需求波动，整个企业发展稳定性较好	投入较多资金，要求拥有多种的生产技术、销售渠道、促销手段，管理更加复杂，增加企业经营的风险
市场专业型策略	向某个专业市场提供所需的各种产品，以特定专业市场的需求导向来确定产品项目	有利于在特定的专业市场建立相对优势，有利于与特定消费者进行信息交流，有利于利用相同的销售渠道	集中在狭窄的专业市场，风险较大，产品多，批量小，成本高，要求拥有较多的资金、技术和设备
产品专业型策略	企业提供同一大类不同品种的服务项目来满足各类客户的需要	充分利用原有技术和设备，减少成本，有利于满足不同消费者对服务产品的不同需求，有利于树立品牌形象	易受到产品市场生命周期的影响，容易受到替代产品的威胁
有限的产品专业型策略	企业只提供一种或几种物流服务产品项目	专业化程度高。有利于企业集中优势资源，做强某一产品项目，提高竞争力，降低单位成本，树立专业形象	服务市场面过窄，经营风险过大，一旦有新产品或替代品出现，将受到致命打击

5.1.2 物流企业产品品牌策略

1. 品牌（Brand）

品牌是一种名称、术语、标记、符号或设计，或是它们的组合运用，其目的是藉以辨认某个销售者，或某群销售者的产品及服务，并使之与竞争对手的产品和服务区别开来。

品牌是企业产品区别其他企业产品的标志，是公司实力的象征、信誉的保障、服务的标志。客户（消费者）要了解你的市场开拓能力和创造利润的能力，首先要看你的品牌。作为物流公司，无论你的客户是上游企业还是下游企业，要了解你的信誉状况，在与你合作之前或在考察与你合作的初始阶段，往往看的是你的品牌。客户要了解你的服务质量如何，服务特色何在，也会从你的“品牌”中得出结论。

市场竞争，也是品牌的竞争。物流企业要赢得市场，赢得客户，就需要在创立企业品牌和服务品牌上，拿出实质性的举措。

品牌，由品牌名称、品牌标志两部分构成。

- 品牌名称。是品牌中可以用语言称呼、能读出声音的部分，例如中远物流、德邦物流等。

- 品牌标记。是指品牌的可识别但不能用语言称呼、读不出声的部分，像一个符号、图案、图像、设计，或一种标颜色或字母样式，均属此类。比如，麦当劳的M字金色拱门，希尔顿的H字母，美国联邦快递的FDXEX和联合包裹的UPS。

2. 商标（Trade Mark）

商标，是产品文字名称、图案记号，或两者相结合的一种设计，向有关部门注册登记后，经批准享有其专用权的标志。

商标是品牌中受到法律保护的品牌或品牌的一部分，凭借商标可以保证注册登记者对于品牌名称或品牌标记具有独家使用权。

商标和品牌两者区别主要表现在：品牌无须办理注册，一经注册，品牌就成为商标了。图5－3是各种物流企业及相关企业品牌及商标。

图5－3 各种物流企业及相关企业品牌及商标

3. 物流产品和服务的品牌策略

品牌化会使企业增加成本费用，但也可以使企业得到以下好处：

（1）规定品牌名称可以使企业易于管理订货。

（2）注册商标可使企业的产品特色得到法律保护，防止别人模仿、抄袭。

（3）品牌化使卖主有可能吸引更多的品牌忠诚者。

（4）品牌化有助于企业细分市场。

（5）良好的品牌有助于树立良好的企业形象。

20世纪70年代以来，西方国家的许多企业对某些消费品和某些药品不规定品牌名称和品牌标志，也不向政府注册登记，实行非品牌化。这种产品叫无品牌产品。

所谓无品牌产品是指在超级市场上出售的无品牌、包装简易且价格便宜的普通产品。

企业推出无品牌产品的主要目的是节省包装、广告等费用，降低价格，扩大销售。表5－6为物流企业产品和服务的品牌策略及其特征。

物流企业要适应社会需求的发展，必须充分树立精品名牌意识，严格制定各项物流质量标准，引进先进管理手段，不断提高物流服务水平。例如，中远集团非常注重提升品牌价值，在单证的差错率、货物的错装、漏装等方面严格控制，在货物集中的港口实现直航，以“准班、安全、快捷”的“产品”服务于顾客，使得“COSCO”的品牌价值不断提高。

表5－6　物流企业产品和服务的品牌策略及其特征

品牌策略	特　征
统一品牌策略	企业所有产品都统一使用一个品牌名称。其主要好处是：企业宣传介绍新产品的费用开支较低，如果企业的名声好，其产品必然畅销
个别品牌策略	企业各种不同的产品分别使用不同的品牌名称。个别品牌策略为每种产品寻求不同的市场定位，有利于增加销售额和对抗竞争对手，还可以分散风险，减少不同产品相互间的影响，使企业的整体声誉不至于因为个别产品表现不佳而造成不良的影响。如果某种服务失败了，不致给这家企业脸上抹黑（因为这种服务使用自己的品牌名称）
企业名称与个别品牌名称并用策略	企业各种不同的产品分别使用不同的品牌名称，而且各种产品名称前面还冠以企业名称。采取这种策略的好处是：在各种不同的新产品的品牌前冠以企业名称，可以使新产品合法化，能够享受企业的原有的良好信誉；而各种不同的新产品分别使用不同的品牌名称，又可以使各种不同的新产品具有自己的特色。如雀巢公司推出了雀巢鹰唛炼奶、雀巢优麦片、雀巢美极调味品、雀巢优活瓶装水等
更换品牌策略	由于原有产品的销售、客户偏好发生变化或竞争者市场瓜分或企业自身定位等原因，企业更换原有的品牌而采用新的品牌，这样可以给客户一个新的企业形象及企业定位
借用品牌策略	物流企业不使用自己的品牌，而是借用别人的知名品牌进行销售
无品牌策略	在某些特殊情况下，企业不注册，也不使用品牌或商标，而只注明企业名称、属地等信息

5.1.3　物流企业产品生命周期策略

1. 物流产品生命周期

产品生命周期是指一种产品从投入市场开始到退出市场为止所经历的全部时间。产品经研究开发、试销，然后进入市场，它的市场生命周期才算开始；产品退出市场，它的生命周期结束。

产品生命周期经历幼稚期（也称投入期）、成长期、成熟期和衰退期的发展变化过程。

2. 物流产品生命周期各阶段的特点及营销策略

物流产品在生命周期的各个阶段其市场知名度、客户认可率、市场占有率、竞争状况等均不相同，故其采用的营销策略也应有所差异，如表5－7所示。

表5－7　物流产品生命周期特点及其营销策略

生命周期	特　点	营销策略
幼稚期（投入期）	这个阶段的物流服务一般处于总体需求少、促销费用高、运作成本大、利润很小的状况，企业通常不能获利	如果消费者对这种新产品不是很了解，又有部分客户渴望获得这种服务，而这个市场又有潜在的竞争者的威胁，这时物流企业可以采用高价格、高促销费用的策略。 如果市场规模比较小，大多数消费者已经熟悉了物流服务内容，愿意出高价进行购买服务，市场上具备潜在威胁的竞争者很少时，物流企业可以采用高价格、低促销的策略。 如果市场上有物流服务需求的顾客很多，这些需求者对物流服务不是很熟悉，但是对价格敏感，而市场上的竞争又很激烈，同时企业有信心随着生产规模的扩大可以降低单位生产成本的情况下，可以采用低价格、高促销的策略
成长期	绝大多数的消费者对物流服务已经非常熟悉，同时市场也涌现出大量新的需求者开始购买物流服务，需求旺盛、高额利润，也引来了大批的竞争对手。成长期的营销重点在于建立品牌的偏好，扩大市场占有率，巩固市场地位	改变广告宣传重点。这一阶段的广告宣传在方向上有所调整，变纯粹宣传产品为宣传产品的品牌与商标形象。把顾客对产品的认知从简单的接受转向对产品的深度信任上，并由此来推动人们的购买行为。 提高物流服务品质。如果服务质量得不到保证，即便有一时的好成绩，也会面临“瞬间辉煌”的局面。 增加增值服务和提高售后服务。增加新的服务功能，满足顾客更广泛的要求，吸引更多的顾客，可以扩大市场占有率
成熟期	经过成长期后，市场需求趋于饱和，潜在的客户很少，销售额增长缓慢直至转而下降。竞争逐渐加剧，各种品质的服务不断涌现，市场份额被进一步划分，广告费用再度增加，利润下降	处于成熟期的产品，企业只要保住市场占有率，就可以获得稳定的收入和利润。企业可以通过对市场和产品进行改进，市场的改进可以增加使用者或增加使用的频率，而产品的改进则使其能吸引新的用户和增加现有用户的使用量来改善销售。同时也可以对营销组合进行改进，以增加销售量。比如，设立分支机构，以承揽更多的业务。 此时的营销重点放到客户的忠诚度的培养上，避免客户的流失
衰退期	企业面临销售和利润直线下降，大量竞争者退出市场，消费者的消费习惯发生转变等	企业可以采用集中策略，把资源集中到最有利的子市场上，同时减少广告宣传和促销活动，从中获取利润；还可以采用收缩策略，即大幅度降低服务的供给规模，降低一切费用，以增加当前利润；最后可以采用放弃策略，当这种物流服务产品衰退迅速，已完全没有市场时，则企业可以采用放弃经营，退出市场。把资源逐步转向新的服务模式的开发上，并依据需求者的需要迅速推出新产品，这样才能在激烈竞争的市场上生存下来

5.1.4　物流企业新产品开发策略

物流企业新产品是指物流企业向市场提供本企业从未生产经营过的产品，即物流企业根据用户需求的变化或根据自己对未来用户需求的预测提供在服务形式、服务内容上不同以往的物流服务。

1. 物流企业新产品开发的程序

(1) 产品构思。产品构思是为满足一种新需求而提出的设想。市场需求是开发新产品的出发点，产品构思来自于市场有关的顾客、销售者、科技人员、中间商人、企业生产人员和管理人员以及竞争对手等几个方面。

(2) 筛选创意。好的构思对于发展新产品十分重要，但有了构思并不一定能付诸实施，这要根据企业的目标和能力来进行选择。筛选创意的目的就是淘汰那些不可行或可行性较低的创意，以便公司能把有限的资源和精力集中在成功较大的创意上。

在筛选时必须考虑两个重要因素：

①构思的新产品是否符合企业的战略目标。如利润目标、销售稳定目标、销售增长目标和企业总体营销目标等。

②企业是否具备足够的实力来开发所构思的新产品。这种实力包括资金能力、技术能力、人力资源、销售能力等。

(3) 产品初步设计。对筛选出来的产品构思进行初步的产品设计，形成一定的产品概念，达到产品构思所提出的目标。

(4) 初拟市场营销战略。有了初步的产品概念后，需要拟定市场营销计划。市场营销人员要制定一个将新产品投放市场的初步营销计划书，包括描述目标市场的规模、结构、行为、定位、利润目标，等等；简述新产品的计划价格、分销策略以及第一年的市场营销预算；阐述计划长期销售额和目标利润以及不同时间的营销组合策略。

(5) 经营分析。进行商业分析和市场分析。商业分析是产品开发的效益，通过分析来确定新产品的开发价值。新产品的开发归根结底是为了给企业带来好的经济效益，如果一件新产品的投资开发最终要亏本或无利可图，那么这件新产品是不值得去开发的。所以，企业在产品概念形成后必须要对新产品的投资效益和开发价值进行认真的分析。

商业分析之后并不能马上进入产品的开发和试制，因为还必须对产品的市场前景做一番分析。只有对那些市场前景比较好、营销渠道比较通畅的产品才能积极地加以开发。

(6) 产品试制。经过商业分析和市场分析的新产品，就可以进入到具体的开发试制阶段，要把新产品的构思设想转变成一件顾客真正能够消费的实体产品。必须弄清楚的问题是，产品概念是否能变为技术上和商业上可行的产品，如果不能，就意味着产品开发所耗费的资金将付之东流。

(7) 试销。新产品的试销，按企业所制定的营销策略计划，将产品投放限定的市场范围，以观测用户的反应，并把用户的意见及时反馈，对新产品做进一步的改进后，再试销。这个过程有时要反复多次。

(8) 正式上市。新产品经过试销获得成功后，企业就可大范围推广。正式投入不仅需要大量资金，企业还应注意上市的时间、上市的地点和市场营销策略。

2. 物流新产品开发策略

表5－8所示为物流新产品开发策略及其实施。

表5－8　物流新产品开发策略及其实施

物流新产品开发策略	具 体 实 施
新产品领先策略	企业利用新技术、新工艺、新材料和新原理等率先开发出新产品，在市场上占据支配地位。如中远集团在中日航线上开发“绿色快航”项目
紧跟策略	当市场出现新产品时，收集消费者的意见和建议，争取在短期内开发出更能满足消费者需求的新产品。这种策略省时省力，如北京宅急送继EMS后在长江三角洲地区开发的2D10和2D17两种产品
改进原产品的差异性策略	对原有产品进行功能上的增减、包装上的改进、结构上的调整以及产品组合、捆绑、修补等，从而使产品更能适应市场的需求
借船出海策略	（1）与优势的物流资本合资。把别人的产品或服务项目变成自己的服务项目，扩大自己的产品线。 （2）购买物流企业现成的资源。购买物流企业现成的资源，实现物流产品快速开发和扩张。 （3）贴牌。物流企业利用自己的品牌优势，将自己没有能力从事或自己不愿意从事的物流项目采用“定向定牌”的方式，经过严格的筛选和考核让愿意以及有能力的物流企业承担。 （4）多级代理。面向全球承接各种相关的物流多级代理业务或独家代理业务，以丰富自己的产品线，如中储大连公司等

物流企业在进行新产品开发时，应根据自身的实际情况和市场需求状况，合理选择适合自己的新产品开发策略，避免资源的浪费。

【实战训练5－1】

宅急送推出“次日达”项目

据宅急送的调查显示，在经济活跃的长三角地区，60%的货物不会流通到全国各地，它们从昆山到苏州、从苏州到无锡或者从无锡到南京，不需要全国的流动网络，货物在区域内流动，培养了宅急送区域内限时快运业务的早熟。

2004年，宅急送一举推出“2D10”和“2D17”这两项区域内“次日达”新服务，主要针对长三角等区域内单件重量在10kg以下的小件货物，分别于次日早上10点和次日下午5点之前送达客户手中。至此，宅急送的服务精品由原来的“全国24小时门到门”转变为区域间“2D10”和“2D17”。

而另一方面，早在2004年1月起，中国邮政快递率先在长三角地区的22个城市实行EMS限时专递——“次晨达”快递服务。该举措被认为是邮政缓解竞争压力的一种积极尝试。

不过，“次日达”比“次晨达”在价格上有明显优势。“次晨达”的新平台虽然将成本大幅降低，一件1kg的货物，“次晨达”仍需要80元，而宅急送根据货物装箱后的长、宽、高三边之和来计算价格：70cm、80cm、90cm、100cm分别对应10元、15元、20元、30元不等。而“次日达”的小件服务500～5000g快件仅收取20元费用。

可以看到的是：在省会城市，宅急送的分公司开通了不同形式的市内班车，市内班车为“2D10”和“2D17”的首、末端工作，快速提取货物、派送货物。点与点用物流班车连成线，线与线织成网，形成小的区域物流网，“2D10”和“2D17”的时效性得到保证。为此，宅急送在市内班车建设上一直在增加投入，2004年新增派送车辆超过200辆。

为了推广这两项新业务，宅急送“全民皆兵”：每一名员工都是市场开发员，每一名员工都是创利中心。宅急送不仅给快递员先行确立了激励机制，使得他们按票提成，提货2元/票，送货1元/票，其他员工也可以投入到小件业务的拓展之中，按1元/票提取。在宅急送“小件快递全国门到门服务卡”中，预留了服务专员空格，由司机、快递员等人员自行填写姓名、联系方式，以方便提成兑现。

无论如何，通过细分市场推出新业务来抢占市场先机，已是宅急送发起战略反攻必要的一步。时任宅急送董事长的陈平表示：“2D10”和“2D17”限时到达将是2005年宅急送的首推业务，尽管宅急送目前的核心盈利产品仍然是“24小时门对门”。

到目前为止，宅急送“2D10”和“2D17”业务在华北区、长三角、珠三角相继铺开，与中国邮政快递“次晨达”抢食市场，低价格的次日抵达承诺令中国邮政快递的限时快递业务受到威胁。

【讨论分析】

1. 宅急送公司在新产品开发上采取的是什么策略？该策略有什么特点？
2. 结合所学知识，你对中国邮政快递限时快送业务有什么意见和建议？

5.2　物流企业定价策略

5.2.1　影响物流产品定价的主要因素

产品定价是企业最重要的决策之一。价格策略或定价策略是市场营销组合的重要组成部分，是最复杂也是最难以决定的一个因素。

影响物流产品定价的因素主要有营销目标、成本、需求、竞争、消费者心理和其他因素等。

1. 营销目标

现代经济条件下的企业在实际定价之前，都必须依据企业整个市场营销目标，拟定定价策略。一般的物流企业目标是生存、现期利润最大化、维持或增进市场占有率、产品服务质量领导地位。

（1）生存。如果市场对企业的能力要求很高，竞争很激烈，消费者的欲望又不断变化，企业往往把生存作为自己的主要目标。为了保证企业的正常运转，企业可以制定较低的价格，以便吸引更多的物流服务需求。在此情况下，生存比利润更重要。只要收益能够补偿变动成本，企业就能继续留在物流行业中。但是生存只是一个短期目标，要想长期经营并盈利，企业就必须学会如何增加价值或者怎样面对倒闭。

（2）获取最大利润。许多物流企业把现期利润最大化作为他们的定价目标。当企业的产品或服务在市场上处于绝对有利地位时，可实行高价策略，以获取超额利润。但最大利润并不必然导致高价，在竞争激烈的市场上，任何企业想长期维持不合理的高价，势必会遭遇各方面的对抗行动，诸如需求的减少、替代品的盛行、购买的延搁、竞争者的加入，甚至由于顾客的不满与抗议招致政府的干预等。所以，高价并非达到最大利润的良策。

（3）维持或增进市场占有率。一个企业的市场占有率状况，是该企业经营状况和产品竞争力状况的反映，关系到企业的兴衰。所以，维持或增进市场占有率，对企业来说同样重要。有些企业相信拥有最大市场份额会享有最低的成本和最高的长期利润。因此，资力雄厚的企业，常以实行低价策略来建立其市场占有率。某些企业则以一部分产品线来实行低价策略。

（4）产品服务质量领导地位。产品服务质量领导地位要求企业提供较高的优质服务，因此需要制定较高的价格以补偿较高的性能质量以及市场调研和开发成本。

2. 成本要素

成本是物流产品价值的基础部分，它决定着产品价格最低界限。如果价格低于成本，企业便无利可图。

物流成本的归集和分析同其他类型企业有较大不同，其原因是：首先物流活动的范围非常广，其成本分析较为困难；其次，由于物流成本较难单独列入企业的财务会计中，更加剧了确定物流成本的难度。

目前我国对物流成本计算的范围和具体计算方法还没有形成统一的规范。本章我们只讲述物流产品的固定成本和变动成本（参见表5－9）。

表5－9　物流产品主要成本构成

主要成本构成	主要内容
固定成本	指不随产出而变化的成本。在一定时期内表现为固定的量，如建筑物、物流设施、办公家具的折旧费、管理人员的工资、维修成本等
变动成本	指随着物流产品产出的变化而变化的成本，如燃料费、搬运费、邮寄费等

在物流行业中，固定成本在总成本中所占的比重较大，比如航空运输业，其固定成本的比重高达60%，因为它们需要昂贵的设备和大量的人力资源；而变动成本在总成本中所占的比重往往很低，甚至接近于零，如铁路。

3. 需求因素

企业的产品价格不同，就会导致不同水平的需求。在通常情况下，需求量与价格之间呈负相关，就是说，价格越高，需求量越少。图5－4所示的物流产品需求曲线图表明了需求量与价格的关系。如果企业将产品价格从 P_1 提高到 P_2，它卖出的数量就会减少。购买力有限的顾客在价格太高时通常会减少购买量。

需求曲线描述了某一价格水平与相应的需求量之间的关系。它表明在既定时期内，在可能设定的不同价格水平上，市场可能购买的产品数量。

不管是直线形式还是曲线形式，大多数需求曲线都是向下倾斜的。但对于一些享有声

望的产品，其需求曲线有时会向上倾斜。例如，在某些情况下，将价格从 P_1 提高到 P_2，

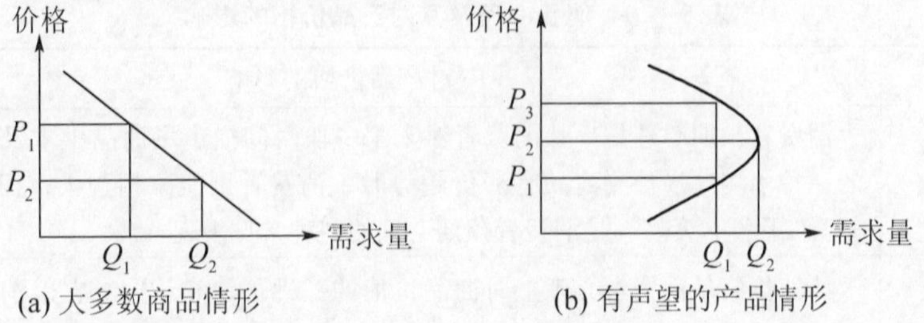

图 5－4　两种假定的需求曲线

营业收入不仅没有减少，反而还增加了；不过，如果开价太高（P_3），需求量就会低于 P_2 的水平（Q_2）。

市场需求影响顾客对产品价值的认识，决定着产品价格的上限；市场竞争状况调节着价格在上限和下限之间不断波动的幅度，并最终确定产品的市场价格。物流企业在制定价格策略，考虑需求因素的影响时，通常使用价格需求弹性来分析。

- 需求价格弹性，指因价格变动而相应引起的需求变动比率，它反映了需求变动对价格变动的敏感程度。

价格需求弹性通常用弹性系数（E）来表示，该系数是物流需求量（Q）变动的比率同其价格（P）变动的比率之比值。用公式表示为：

$$E = \frac{\Delta Q/Q}{\Delta P/P}$$

式中　$\Delta Q/Q$——表示需求量变动的比率；

$\Delta P/P$——表示价格变动的比率。

如果价格上升而需求量下降，则价格弹性为负值。如果价格上升，需求量也上升，则价格弹性为正值。当 $E<1$ 时，表示缺乏弹性；当 $E>1$ 时，表示富有弹性。

价格弹性对企业的收益有着重要影响。通常企业产品销售量的增加会产生边际收益，而边际收益的高低又取决于价格弹性的大小。是什么决定着需求的弹性呢？当产品很奇特，或在品质、声望或排他性上都不同寻常时，购买者就不会很在意价格。在现实生活中，不同物流产品的需求是不尽相同的，如果对物流的需求是有弹性的，那么其定价水平就特别重要。物流企业可以考虑采取降价的策略，因为较低的价格会带来更多的总收益。只要增加的生产和销售成本不超过增加的收益，这一做法就是可行的。

4. 竞争因素

在产品差异性较小、市场竞争激烈的情况下，企业制定价格的自主性也相应缩小，可制定相当一致的价格。

物流企业应积极了解竞争者的价格和产品，并将这些信息作为制定自己产品价格的基点。在市场上除了从竞争对手那里获得价格信息外，还要了解它们的成本状况，这将有助于企业分析评价竞争对手在价格方面的竞争能力。

5. 消费心理因素

消费心理会影响消费者的购买行为和消费行为。消费心理主要包括预期心理和认知价

值，如表5－10所示。

表5－10　消费心理及其对产品价格的影响

消费心理	对产品价格的影响
预期心理	消费者预期心理是反映消费者对未来一段时间内市场商品供求及价格变化趋势的一种预测。当预测商品有涨价趋势时，消费者可能争相购买；相反，则持币观望。“买涨不买落”是消费者预期心理的一种常见表现
认知价值	认知价值是消费者心理上对商品价值的一种估计和认同。它以消费者的商品知识、后天学习和积累的购买经验以及对市场行情的了解为基础，同时也取决于消费者个人的兴趣和爱好。 消费者在购买商品时，常把商品价格和内心形成的认知价值相比较，将一种商品的价值同另一种商品的认知价值相比较，当确认价格合理、物有所值时，才会作出购买决策，产生购买行为

6. 国家有关方针政策的影响

由于价格是关系到国家、企业和个人三者之间的物质利益的大事，与人们生活和国家的稳定息息相关。因此，国家常常会通过制定物价工作方针和各项政策，对价格进行管理控制或干预。国家有关方针政策对市场价格的形成有着重要的影响，如表5－11所示。

表5－11　国家有关方针政策对物流产品或服务价格的影响

方针政策	对物流产品或服务价格的影响
行政手段	政府通过出台相应的行政规定或行政制度等来促进相应行业的有序发展。为防止物流企业的不正当竞争，行业协会或政府相关部门可采用规定收费标准的手段，限制物流产品或服务的过高或过低价格，从而维持物流业健康平稳地发展
法律手段	通过立法机关制定相关的法律、法规来维护相关行业的健康发展。如我国制定的《企业法》、《公司法》、《反不正当竞争法》、《消费者权利保护法》等，可有效防止盲目价格竞争，保持价格合理，维护市场经济健康有序地发展
经济手段	国家采用税收、财政、利率、汇率等手段间接影响物流产品或服务价格。例如，在物流行业发展过热时，政府可对物流产品的价格增加税收，高价高税会导致企业的税后利润从而影响企业的定价。此外，关税政策、贸易保护政策等也会相应影响物流产品或服务的定价

5.2.2　物流产品定价方法

1. 成本导向定价法

所谓成本导向定价法，是指物流企业依据提供物流服务的成本决定物流产品的价格。成本导向定价法的主要优点：一是它比需求导向定价法更简单明了；二是在考虑生产者获得合理利润的前提下，即当顾客需求量大时，价格显得更公道些——物流企业会维持一个适当的盈利水平，当需求旺盛时，顾客购买费用可以合理地降低。

（1）成本加成定价法。这种定价方法就是在单位产品成本的基础上，加上预期的利润额作为产品的销售价格。售价与成本之间的差额即利润称为“加成”。

其计算公式为：

$$P = C \times (1 + r)$$

式中 P——商品的单价；

C——商品的单位总成本；

r——商品的加成率。

例如：某企业生产某种产品10 000件，单位可变成本为20元，固定总成本为200 000元，预期利润率为15%。可计算如下：

固定总成本 = 200 000元

单位固定成本 = 200 000/10 000 = 20元/件

单位可变成本 = 20元/件

单位总成本 = 20 + 20 = 40（元）

预期利润率 = 15%

产品售价 = 40(1 + 15%) = 46（元/件）

这种定价方法的优点在于价格能补偿并满足利润的要求；计算简便，有利于核算；能协调交易双方的利益，保证双方基本利益的满足。缺点是定价依据是个别成本而并非社会成本，忽视市场供求状况，难以适应复杂多变的竞争状况。因而，这种方法一般适用于经营状态和成本水平正常的企业，以及供求大体平衡，市场竞争比较缓和的产品。

（2）目标利润率定价法。又称目标收益定价法，是在商品成本的基础上，按照目标收益率的高低计算价格的方法。这种定价法的要点是使商品的售价能保证达到预期的目标利润率，与成本加成定价法的区别在于前者着眼于总成本，而后者着眼于单位成本。其计算步骤如下：

① 确定目标利润率。目标利润率可以表现为几种形式，如投资收益率、成本利润率、销售利润率和资金利润率等。

② 确定目标利润。根据目标利润率的表现形式的不同，目标利润的计算也不同。计算公式分别为：

目标利润 = 总投资额 × 目标投资利润率

目标利润 = 总成本 × 目标成本利润率

目标利润 = 销售收入 × 目标销售利润率

目标利润 = 资金平均占用额 × 目标资金利润率

③ 计算单价：

单价 = （总成本 + 目标利润）/预计销售量

总成本 = 固定成本 + 可变成本

这种定价法的优点是，可以保证预定目标利润的实现。缺点是，从卖方利益出发，没有考虑竞争因素和市场需求情况。所以要注意估算好产品售价与期望销量之间的关系，尽量避免确定了价格而销量达不到预期目标的情况出现。

（3）投资报酬率定价法。投资报酬率定价法，又称目标报酬率定价法，是一种以投资额为基础计算加成利润（投资报酬）后，再计算出产品价格的方法。投资报酬是投资额与投资报酬率的乘积。这种投资报酬率的多少由企业或投资者裁定，具有一定的技巧，但一般不低于银行的存款利率。其单位产品的定价的具体公式如下：

$$P = \frac{F_a + T_w}{Q} + V_p$$

式中 P——单位产品价格；

F_a——固定成本；

T_w——投资报酬；

V_p——单位变动成本；

Q——产品销量。

2. 需求导向定价法

需求导向定价法是指企业在定价时不再以成本为基础，而是注意到市场需求的强度和顾客的价值观，以消费者对产品价值的理解和需求强度为依据，根据目标市场顾客所能接受的价格水平定价。这种定价，综合考虑了成本、产品的市场寿命周期、市场购买能力、顾客心理、销售区域等因素。表 5－12 为需求导向定价法的几种主要方法。

表 5－12 需求导向定价法的几种主要方法

需求导向定价法	定 义	表现特征
习惯定价法	又称便利定价法，是企业依据长期被消费者接受和承认的并已成为习惯的价格对产品进行定价	某些产品在长期经营过程中，消费者已经接受了其属性和价格水平，符合这种标准的容易被消费者接受，反之则会引起消费者的排斥。经营此类产品的企业不能轻易改变价格，减价会引起消费者对产品质量的怀疑，涨价会影响产品的销路。 当市场上存在着强有力的习惯价格时，如果产品未具备特殊优越条件，只能依照一般价格定价，甚至在由于原材料、燃料等因素涨价，原售价已无利润可言，确实需要调整价格时，也只能通过技术革新，提高劳动生产率，降低成本来解决，或通过舍弃原有的产品的型号，推出改型、换代等新产品，以求获得一定的利润。例如当运输价格确定后，即使燃料的价格变动，其运输价格也不会轻易变动
理解价值定价法	企业按照购买者对产品价值的感觉、理解以及需求的强度来定价，而不是依据企业的成本费用水平来定价。 该方法的理论依据在于购买者对商品价值的感受和理解，是他们根据自己对产品的性能、质量、服务等各方面的印象，对价格作好的判断	一个企业在某个目标市场发展一种新产品，从质量、服务、价格以及广告宣传等方面，事先为产品在市场上树立了一个形象，然后再去估计以这个价格出售时的市场销售量，并据此估算生产量、投资额和单位成本。最后，企业根据这些数据核算能否获利，决定是否从事营销。 企业运用理解价值定价法时，如果对购买者所承认的价值估计得过高就会导致定价过高，从而使销量减少；如果对购买者承认的价值估计得过低，就会导致定价偏低，这样虽然可以多销，但收入会受到影响。因此，企业在运用这一方法时，要正确估计购买者所承认的价

续上表

需求导向定价法	定　义	表现特征
		值，注意利用市场营销组合中的非价格变数，如产品质量、服务特色、广告宣传、购物环境等来影响购买者，以便提高购买者对产品价值的主观认定水平和需求强度，使他们感觉到买这种商品能够获得相对更多的利益。在此基础上，企业制定出一个可行的价格范围，进而估算不同价格水平下的销量、成本和利润，最后选定一种企业和消费者双方最容易接受的价格作为实际销售价格
区分需求定价法	亦称"差别定价"，是指某种产品并不按照边际成本的差异制定不同的价格，而是根据不同的顾客、产品的形式、不同的时间及地点制定不同的价格	主要有 3 种形式：①同一产品或服务对需求不同的消费者采用不同价格，对需求弹性小的消费对象定较高的价格，对需求弹性大的消费对象定较低的价格。②同一产品或服务，按需求时间的不同而制定不同的价格。这只能在不同时间需求的紧迫性差别很大时才能采用。比如旺季的产品在淡季要廉价出售等。③同一产品或劳务在不同地区和不同的零售商业企业定不同价格。 要使差别定价行之有效，必须具备以下几个条件：①市场必须能分割成几个不同的细分市场，各个细分市场对产品的需求程度有差异，即需求弹性不同。②市场必须分割开来，即低价细分市场的消费者没有机会和可能把产品再卖给高价细分市场的消费者。③差别定价不会引起消费者的反感或不满，从而减少购买。否则，实行差别定价就有一定风险

3. 竞争导向定价法

竞争导向定价法是指企业通过研究竞争对手类似产品的商品价格、生产条件、服务状况等，以竞争对手的价值为基础，确定自己产品的价格。这种方法只需要了解竞争对手的物流项目和相应的价格即可，因而简便易行。其不足之处是当特殊市场没有参考价格时，很难对这种市场上的专门物流或特殊物流制定价格。此外，在许多情况下，有关某些细分市场及竞争对手的定价方式等信息也不容易获得。表 5－13 为竞争导向定价法的几种主要方法。

表 5－13　竞争导向定价法的几种主要方法

竞争导向定价法	定　义	特　点
随行就市定价法	随行就市定价法是根据本行业平均定价水平作为本企业定价标准的一种定价方法。这种方法适合企业	随行就市定价法依照现有本行业的平均定价水平定价，这样容易与同行业和平共处，易于集中本行业的智慧，获得合理的收益。在竞争十分激烈的同一产品市场上，顾客对行情很清楚，企业彼此间也十分了解，价格稍有

续上表

竞争导向定价法	定义	特点
	难于对顾客和竞争者的反应做出准确的估计，自己又难于另行定价时运用	出入，顾客就会流向价廉的企业。一家跌价，别家会跟着跌价，需求仍不会增加；一家提价，别家不一定提价，销量下降。所以，随行就市定价法是一种很流行的方法。例如，中远集团远洋集装箱运输采用的就是随行就市定价法，这种定价法使企业在激烈的航运市场竞争中能有效配合营销组合策略
主动竞争定价法	指企业通过不同营销努力，使同种同质的产品在消费者心目中树立起不同的产品形象，进而根据自身特点，选取低于或高于竞争者的价格作为本企业产品价格	主动竞争定价法是一种进攻性的定价方法。当低于竞争者产品的价格时，往往服务项目较少，利用低价渗透其他企业已建立牢固基础的市场，或扩大市场占有率。定价较高的产品，一般是受专利保护的产品或企业具有良好形象的产品或服务
投标定价法	指买方采取公开招标的方式，由卖方投标出价竞购，密封定价，买方按物美价廉原则择优选取，到期当众开标，中标者与卖方签约成交的一种定价方法。投标定价不是以本企业的成本和主观愿望为依据，而是根据买者竞争出价情况决定	在投标中，企业定价的目标是中标。企业定价有一定的界限，即使有一个迫切希望中标的企业，也不愿定价低于边际成本。同时，企业也不能只顾盈利，定价过高，反而不能中标。因此参加投标的企业，往往要计算期望利润，然后根据最高的期望利润定价。期望利润可以根据估计的中标率和利润计算。凡是大型企业，经常参加投标，一般采用期望利润作为定价标准比较合适。但是，当一个企业出于某种原因，对于投标势必要中，以期望利润作为定价标准就不一定适宜，自然应该以力争低于竞争者标价为定价原则
倾销定价法	企业在控制了国内市场的情况下，以低于国内市场的价格向国外抛售，借低价打击竞争对手而占领市场	以低价基本控制国外目标市场，实行薄利多销，以获取总体利润，不断开拓国际市场
垄断定价法	少数垄断企业，控制了某项产品的生产与流通时，结成垄断同盟或达成垄断协议，使产品定价大大超过其价值，同时对非垄断企业的原材料或零配件，定价则低于这些产品的价值	垄断定价法不利于市场的良好竞争，形成行业保护，非垄断企业很难进入该市场或产品线

5.2.3　定价策略

产品定价得当，可以使其顺利进入市场，打开销路，占领市场，为企业带来良好收益。表5-14为物流产品主要定价策略。

表5-14　物流产品主要定价策略

主要定价策略		特点及适用环境
新产品的定价策略	（1）撇脂定价策略	也称高价策略，指企业以大大高于成本的价格将新产品投入市场，以便在短期内获取高额利润，尽快收回投资，然后再逐渐降低价格的策略。 撇脂定价策略适合于市场需求量大且需求价格弹性小，顾客愿意为获得产品价值而支付高价的细分市场。或企业是某一新产品的唯一供应者时，采用撇脂定价可使企业利润最大化。但高价会吸引竞争者纷纷加入，一旦有竞争者加入时，企业就应迅速降价
	（2）渗透定价策略	渗透定价与撇脂定价恰好相反，是在新产品投放市场时，将价格定得较低，以吸引大量消费者，提高市场占有率。 采取渗透定价策略不仅有利于迅速打开产品销路，抢先占领市场，提高企业和品牌的声誉，而且由于价低利薄，从而有利于阻止竞争对手的加入，保持企业一定的市场优势。 渗透定价适合于产品需求价格弹性较大的市场，低价可以使销售量迅速增加；其次要求企业生产经营的规模经济效益明显，成本能随着产量和销量的扩大而明显降低，从而通过薄利多销获取利润
	（3）试销价格策略	试销价格是指企业在某一限定的时间内把新产品的价格维持在较低的水平，以赢得消费者对该产品的认可和接受，降低消费者的购买风险
产品组合定价策略	（1）产品线定价策略	指企业为追求整体收益的最大化，为同一产品线中不同产品确立不同的角色，制定高低不等的价格。有的产品充当招徕品，定价很低，以吸引顾客购买产品线中的其他产品。而定价高的则为企业的获利产品，产品线定价策略的关键在于合理确定价格差距
	（2）互补品定价策略	有些产品需要互相配合在一起使用，才能发挥出某种使用价值。如物流自动化设备及其相关软件、相机与胶卷、隐形眼镜与消毒液、饮水机与桶装水等。 企业经常为主要产品（价值高的产品）制定较低的价格，而为附属产品（价值较低的）制定较高的价格，这样有利于整体销量的增加，增加企业的利润
	（3）成套优惠定价策略	对于成套设备、服务性产品等，为鼓励顾客成套购买，以扩大企业销售，加快资金周转，可以使成套购买的价格低于单独购买其中每一产品的费用总和
心理定价策略	（1）声望定价	指对一些名牌产品，企业往往可以利用消费者仰慕名牌的心理而制定大大高于其他同类产品的价格。如国际著名的欧米茄手表，在我国市场上的售价从一万元到几十万元不等。消费者在购买这些名牌产品时，特别关注其品牌，标价所体现出的炫耀价值，目的是通过消费获得极大的心理满足

续上表

主要定价策略		特点及适用环境
心理定价策略	(2)尾数定价	对于日常用品，一般来说，消费者乐于接受带有零头的价格，这种尾数价格往往能使消费者产生一种似乎便宜，且定价精确的感觉
	(3)整数定价	由于消费者常常根据价格来辨别产品的质量，对价格较高的产品，消费者不太容易把握产品的质量，实行整数定价反而会抬高产品的身价，从而达到扩大销售的目的
	(4)习惯性定价	有些商品如小件包裹、信函等，消费者在长期的消费中，已在头脑中形成了一个参考价格水准，个别企业难于改变。 如果企业定价低于该水准易引起消费者对品质的怀疑，高于该水准则可能受到消费者的抵制。企业定价时常常要迎合消费者的这种习惯心理
	(5)招徕定价	利用消费者贪图便宜的心理，特意将某几种产品的价格定得较低以招徕顾客，或者利用节假日和换季时机举行大甩卖，限时抢购等活动，把部分商品打折出售，目的是吸引顾客，促进全部产品的销售
折扣定价策略	(1)现金折扣	企业对现金交易的顾客或及早付清货款的顾客给予一定的价格折扣。许多情况下采用此定价法可以加速资金周转，减少收账费用和坏账
	(2)数量折扣	企业给那些大量购买某种产品的顾客一定的折扣，以鼓励顾客购买更多的货物。大量购买能使企业降低生产、销售等环节的成本费用
	(3)贸易折扣	制造商给予中间商的一种额外折扣，使中间商可以获得低于目录价格的价格
	(4)季节折扣	企业鼓励顾客淡季购买的一种减让，以使企业的生产和销售一年四季能保持相对稳定
	(5)推广津贴	为扩大产品销路，生产企业向中间商提供促销津贴。如代理商为企业产品刊登广告或设立橱窗，生产企业除负担部分广告费外，还在产品价格上给予一定优惠
地区定价策略	(1)产地定价	以产地价格或出厂价格为交货价格，运杂费和运输风险全部由买方承担。这种做法适用于销路好、市场紧俏的商品，但不利于吸引路途较远的顾客
	(2)统一交货定价	也称邮票定价法。企业对不同地区的顾客实行统一的价格，即按出厂价加平均运费制定统一交货价。这种方法简便易行，但实际上是由近处的顾客承担了部分远方顾客的运费，对近处的顾客不利，而比较受远方顾客的欢迎
	(3)分区定价	企业把销售市场划分为远近不同的区域，各区域因运距差异而实行不同的价格，同区域内实行统一价格。分区定价类似于邮政包裹，对企业来讲，可以较为简便地协调不同地理位置用户的运费负担问题，但对处于分界线两侧的顾客而言，还会存在一定的矛盾
	(4)基点定价	企业在产品销售的地理范围内选择某些城市作为定价基点，然后按照出厂价加上基点城市到顾客所在地的运费来定价。在这种情况下，运杂费用等是以各基点城市为界由买卖双方分担的。该策略适用于体积大、运费占成本比重较高、销售范围广、需求弹性小的产品
	(5)津贴运费定价	由企业承担部分或全部运输费用的定价策略。当市场竞争激烈，或企业急于打开新的市场时常采取这种做法

【实战训练 5-2】

中远集装箱运输公司的价格策略

集装箱运输产品的需求是一种派生的需求，而且是有弹性的。由于目前市场竞争激烈，加上运输成本构成项目多，难以准确计算，以及整个行业有协会组织、战略联盟的合作基础，中远集装箱运输公司实行的是随行就市的定价方法。对于不同的市场，实行不同的运价定位，采取不同的价格策略。一般而言，客户不同，运价不同，对已签约的大客户实行优惠运价；季节不同，运价不同，对于未签约的客户，实行淡季低运价，旺季高运价。

【讨论分析】

1. 中远集装箱运输公司主要定价策略是什么？
2. 其定价策略给其他物流企业提供了什么启示？

5.3　物流企业分销渠道策略

5.3.1　物流企业分销渠道概述

1. 物流企业分销渠道

物流企业分销渠道是指由参与物流服务转移活动的所有组织所构成的，便于物流服务从物流企业向客户（消费者）转移的通道。在物流企业的分销渠道中，物流企业本身作为分销渠道的一个环节，在提供产品的同时构成了整个分销渠道的主体部分。

2. 物流企业分销渠道的类型

一般来说，物流企业采用直销的渠道形式最普遍，但也有些物流公司采用一个或者多个中介机构的销售渠道，所以直销并不是唯一的分销渠道。

（1）直接渠道与间接渠道。其各自的定义和优点如表 5-15 所示。

表 5-15　直接渠道和间接渠道及其优点

渠道类型	定　义	优　点
直接渠道	指物流企业直接将服务产品销售给客户，无须中间商参加	可以对物流服务的过程进行有效的控制；可以为客户提供个性化的服务；可以减少佣金、折扣，便于企业控制服务价格；可以直觉了解客户需求及其变化趋势；便于企业开展促销活动
间接渠道	指物流企业通过中间商向客户销售物流服务的渠道类型	比直接销售投资少，风险小；有利于物流企业扩大市场份额；具体的代理商可以满足某一地区或某一细分市场的客户的特殊要求；采用间接渠道有利于延伸信息触角，拓展信息来源

（2）长渠道和短渠道。根据物流企业分销渠道的长度，分为长渠道和短渠道。零级渠道最短，三级渠道最长。三级分销渠道含有 3 个中间商，更高层次的分销渠道较少见（参见图 5-3）。

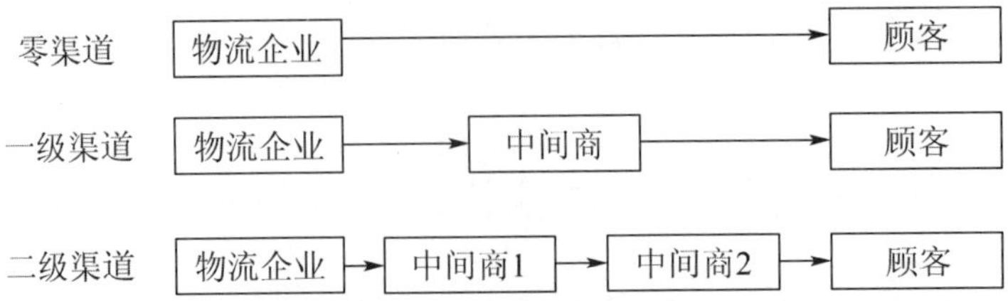

图5－3　物流企业分销渠道

（3）宽渠道和窄渠道。根据物流企业分销渠道的宽度分类，渠道的宽窄由多少中间商来经营某种商品，即决定销售渠道的每个层次（环节）适用同种类型的中间商的数目多少来划分。

- 宽渠道。是指物流企业同时选择两个以上的同类中间商向物流服务的需求者实施物品分销服务。
- 窄渠道。是指物流企业在某一地区或某一产品门类中只选择一个中间商为自己销售产品，实行独家分销服务。

一般来说，物流企业对一些生产资料和少部分专业性较强的或较贵重的消费品提供物流服务时，可采用窄渠道进行。

3. 物流企业分销渠道的系统结构

物流企业分销渠道系统是渠道成员之间形成的相互联系的统一体系，这一体系的形成是物流运作一体化的产物。目前，物流企业的分销渠道系统大体有以下几种结构：

（1）垂直营销系统。垂直营销系统是指由物流企业及其代理商所组成的一种统一的联合体。这一联合体由有实力的物流企业统一支配、集中管理，有利于控制渠道各成员的行动，消除渠道成员为追求各自利益而造成的冲突，它们能够通过其规模、谈判实力和重复服务进而提高成员各方的收益。如表5－16所示。

表5－16　垂直营销系统的主要形式

主要形式	特　点
公司式垂直营销系统	由一家物流企业拥有和统一管理若干个分公司和中间商来控制整个分销渠道，实现高水平的控制
契约式垂直营销系统	又称为合同式垂直营销系统。由不同层次的独立的物流企业和中间商在物流过程中组成，以合同、契约等形式为基础建立的联合经营形式，目的在于比其独立行动时能获得更大的经济和销售效果。如特许经营、连锁经营等形式
管理式垂直营销系统	由某一规模大、实力强的物流企业出面组织，由它来管理和协商物流过程的各个环节，综合协调整个货源的组织和运输存储

（2）横向营销系统。横向营销系统是通过本行业中各物流企业之间物流运作管理的合作，开拓新的营销机会，以提高物流效率，获得整体上的规模效益。

横向营销系统可以较好地集中各有关企业在分销方面的相对优势，从而更好地开展分销活动。

如由中远集团与长航集团共同组建的上海集装箱船务有限公司，使长江中下游干线与上海始发的国际干线相连，加强了中远集团在国际航运市场上的竞争力。

（3）网络化营销系统。网络化营销系统是垂直营销系统与横向营销系统的综合体。当某一企业物流系统的某个环节同时又是其他物流系统的组成部分时，以物流为联系的企业就会形成一个网络，即物流网络。物流企业在业务最忙的季节最有可能利用到这个系统。物流网络能发挥规模经济作用的条件就是物流运作的标准化、模块化。

5.3.2　物流企业分销渠道的选择与设计

1. 物流企业分销渠道的选择

物流企业进行渠道选择，既要考虑物流企业本身的运输线路、仓储能力和信息咨询服务能力，又要考虑所运送物品的性质。如对于一些特殊货物，对运输线路与运输工具有特殊的要求，就不宜使用中间商来承担服务。分销渠道选择的影响因素如表5－17所示。

表5－17　影响物流企业分销渠道选择的因素

影响因素		渠道选择
服务产品特性	产品本身的物理化学性质	如提供物流服务的产品容易腐烂变质，产品有效期短或属危险品，则应选择较短的分销渠道甚至专用渠道，尽快送到消费者手中。过重的、体积大的产品，也尽可能选择最短的分销渠道
	产品价值	一般来说，产品价值越高，越应注意减少流通环节，否则会造成销售价格的提高，从而影响销路，这对生产企业和消费者都不利。而价值较低，市场较广的产品，则通常采用多环节的间接分销渠道，以降低物流成本
	产品的技术复杂程度	对于有些产品，具有很高的技术性，或需要经常的技术服务与维修，应以生产企业直接销售给用户为好，这样可以保证向用户提供及时良好的售后技术服务
	定制品和标准品	定制品一般由产需双方直接商讨规格、质量、式样等技术条件，不宜有中间商销售。标准品具有明确的质量标准、规格和式样，分销渠道可长可短
市场特性	目标市场的分布	目标市场的分布指目标市场规模的大小及潜在客户地理分布状况。如果目标市场规模大且客户分布集中，则宜采用直接渠道。相反，则采用间接渠道
	顾客购买习惯	指顾客习惯于何时、何地、以何种方式购买。对于直接到企业购买物流产品或服务、购买批量大的消费者，物流企业应该选择直接渠道
	销售的季节性	某些物流服务会随着产品生产和消费的季节而存在淡季和旺季的差别。在销售旺季时，物流企业可以采用间接渠道，而销售淡季时则宜采用直接渠道
	竞争状况	有的企业有可能会进入竞争企业的分销渠道，与竞争者直接竞争；但有时，企业会避开竞争者所使用的分销渠道。一般情况下，应尽量避免与竞争者采用相同或者相近的分销渠道，除非自己的产品有独特的地方
物流企业自身特性	企业本身资源条件	如果生产企业本身规模大、财力雄厚、声誉较好，则可以建立自己的销售网点，或选择短渠道策略
	经营能力与管理经验	如果生产企业具有经营能力和管理渠道的经验，则应选择直接渠道。反之，则必须借助中间商，选择间接渠道
	控制渠道的愿望	如果生产者想有效控制分销渠道，则可以花较高的费用自设分销机构或选择少数分销商作为自己的合作伙伴

续上表

影响因素		渠道选择
物流企业自身特性	品牌的知名度	品牌知名度高的物流企业分销渠道可有多种选择。既可以利用品牌直接吸引客户，也可以利用品牌优势发展与代理商的合作。而那些品牌知名度低的企业则需要经验丰富的代理商来帮助打开市场，采用间接渠道
	企业的营销能力	物流企业拥有经验丰富的销售人员，销售能力较强，就可以依靠自己的销售能力，采用直接渠道。如果情况相反，则物流企业适宜采用间接渠道开拓销售局面
中间商特性		由于各家中间商在经营过程中如广告、运输、储存、信息处理、送货频率等方面具有不同的特点，从而影响企业对分销渠道的选择

2. 物流企业分销渠道的设计

物流企业为了使产品或服务尽快销售出去，并取得良好的经济效益，就必须在产品或服务进入销售阶段之前对其分销进行精心设计。

设计分销渠道一般包括分析渠道需要及确定渠道目标与限制、确定各主要渠道选择方案和评估主要渠道选择方案3个方面。

（1）分析渠道需要及确定渠道目标与限制。

渠道设计首先要仔细了解渠道存在的一个重要前提——客户的需要。企业必须了解目标市场的客户对渠道的要求。目标市场对渠道的要求是多样化的，包括客户对地点的要求、对便利性的要求、对交货速度的要求、对附加服务的要求等。每一个物流企业都必须在顾客、产品、中间商、竞争者、企业政策和环境等所形成的限制条件下，确定渠道目标，明确渠道限制。渠道目标包括对目标市场的满足内容、水平，以及中间商与企业应该执行的职能，为企业分销产品到达目标市场提供最佳途径。

（2）确定各主要渠道选择方案。

在确定了渠道的目标与限制后，下一步是确定各主要渠道选择方案。渠道的选择方案主要涉及以下四个基本因素：

① 中间商的基本类型。

② 每一个分销层次所使用的中间商数目。

③ 各中间商的特定市场营销任务。

④ 生产者与中间商的交易条件以及相互责任。

企业与中间商要在相关渠道成员的责权利方面达成协议，协议要规定好分销产品的价格政策、销售条件、区域权利以及具体服务安排。

（3）评估主要渠道方案。

评估主要渠道方案是解决在那些看起来都可行的渠道方案中，选择出最能满足企业长期营销目标的渠道方案。必须运用一定的标准对渠道进行全面评价，其中常用的有经济性、可控制性和适应性三方面的标准，如表5－18所示。

表 5-18　渠道评价标准

渠道评价要素	评价标准
经济性	企业的最终目的在于获取最佳经济效益，因此，经济效益方面主要考虑的是每一条渠道的销售额与成本的关系
可控制性	由于中间商是独立的企业，有自己的利益追求，所以，使用中间商会增加企业控制渠道上的问题，企业对渠道的控制力方面，自销当然比利用中间商更有利于对渠道的控制
适应性	市场需求和由此产生的各个方面的变化，要求分销渠道对未来环境变化具备一定的适应能力

【实战训练 5-3】

DHL 公司在亚洲的渠道策略

DHL 在经营中最擅长的是以市场为中心，通过联合或协议的形式对别人的资产加以利用。DHL 反对进行大规模固定资产的投资，只要有可能，就千方百计借别人的优势为其所用。

比如，DHL 经常利用商业航空公司的货运能力，虽然在有些地方，比如说欧洲和美国，DHL 也会使用自己的飞机，但在亚洲，DHL 几乎完全依靠于 Cathay Pacific 航空公司，在美国也和美国西北航空公司有着紧密的合作关系。

【讨论分析】

DHL 公司采取的是哪种渠道策略？该策略有什么好处？

【实战训练 5-4】

TNT 的特许经营

名列全球 500 强企业之一的 TNT 集团，自从 1988 年进入中国以来，都采用自主投资的“直营店”方式，不过，在 2000 年中国特许经营市场全面开放之后，TNT 也开始大力开展中国区的特许经营业务。

只要满足“具有正规法人的资格”、“对自己区域市场熟悉并拥有开拓客户的能力”、“愿意按照 TNT 规则和要求进行经营管理”等条件，就可以成为 TNT 的特许经营加盟商。一个特许连锁店的投资预算为人民币 50 万元到 200 万元，需要向 TNT 交纳的费用包括 3 个部分：10 万元的商标许可费、10 万元的保证金、每个月按照营业额的一定比例交纳的“支持指导费”。

TNT 的一位负责人表示，整个特许经营门店最少 50 万元的投资，加盟商可以享有“5 年 TNT 品牌的授权”、“TNT 全球跟踪查询系统”、“TNT 国际、国内运输网络的支持”、

“市场活动的指导与支持”等权利。“相信凭借如此优厚的特许经营条件，TNT在中国的特许经营门店的数量很快就可以超过直营店，特许经营是公司最有效的扩张途径。”该负责人说。

【讨论分析】

TNT公司在渠道选择上采取的是哪种经营策略？该策略对双方有何好处？一般在什么条件下可以运用该策略？

5.4 物流企业促销策略

5.4.1 物流企业促销及其主要形式

1. 物流企业促销

促销（Promotion）是促进销售的简称，是指企业通过各种方式把产品信息传递给顾客，促使顾客了解企业产品，引起其注意和兴趣，并激发购买欲望和购买行为，以扩大销售的营销活动。

物流企业促销是指物流企业在经营的过程中，利用各种措施和手段向目标顾客传递本企业所能提供的服务信息，或树立本企业形象，促使目标顾客做出购买行为，或影响目标顾客购买态度。

2. 物流企业主要促销方式

物流企业的主要促销方式如表5-19所示。

表5-19 物流企业主要促销方式

促销方式	定 义	特点及适应环境
人员推销	又称人员销售，是指物流企业派出人员或委托推销人员，亲自向目标顾客或潜在客户对物流产品或服务进行介绍、推广、宣传，以促进产品的销售	由于人员推销过程中信息的沟通是直接的，不仅可以促成交易，而且有利于推销人员根据企业整体营销活动来发现并满足客户的需求，使企业与客户建立长期稳定的业务联系。因此人员推销是物流企业促销活动中最重要的一种推销方式
广告宣传	以付费形式，通过一定的媒介物，如文字、声音、图像、色彩等，公开而广泛地向广大目标顾客传递企业物流服务信息	通过图像、文字、色彩等手段，增强信息传递的表现力，使客户易于接受，有利于物流企业树立良好的形象，提高知名度
公共关系	物流企业通过各种公共活动，有计划地长期努力，影响团体和公众对企业及其产品的态度，从而使企业与其他团体和公众取得良好的协调，使企业能适应它的环境	物流企业开展公共关系有利于塑造企业形象、提高企业的知名度，为企业创造一个良好的发展环境

续上表

促销方式	定　义	特点及适应环境
营业推广	指物流企业在短期内迅速刺激物流需求、吸引客户、增加物流需求量的各种促销形式	一般只作为人员推销、广告和公共关系的补充方式，其刺激性很强、吸引力大。与人员推销和广告相比，营业推广不是连续进行的，只是一些短期性、临时性的能够使顾客迅速产生购买行为的措施，企业不宜经常采用，以防急功近利，陷入促销的误区

3. 物流企业促销的作用

（1）传递信息。物流企业促销的目的之一是提高本企业在物流服务市场上的占有率。要达到这一目的，物流企业必须及时向顾客及各种中间商提供物流服务信息，吸引客户的注意，为扩大销售打下基础。

（2）刺激需求。物流企业通过促销向客户介绍物流产品，不仅可以诱导需求，还能在一定条件下创造需求，从而增加市场对该物流服务产品的兴趣。

（3）突出特色。企业通过促销，突出宣传本企业的服务特色以及能给客户带来的特殊利益，有助于加深客户对本企业的了解，改善企业在现有和潜在用户中的形象。

（4）稳定客户关系。物流市场稳定的市场份额来自于稳定的客户关系。物流企业通过促销活动可以加深推销人员与客户的感情，提高企业在客户中的信誉和知名度，有利于与客户建立长期、稳定的合作关系。

5.4.2　物流企业的人员推销策略

1. 人员推销策略的优缺点

◉ 优点。

（1）方法灵活，作业弹性大。人员推销由于与客户保持直接联系与接触，一方面可以向客户传递有关物流企业及其提供服务的信息，另一方面也可以及时了解客户对物流服务的需求。可以根据各类客户的欲望、需求、动机和行为，有针对性地采取必要的协调行动。同时也便于观察客户反应，及时调整推销计划和内容。

（2）推销效率高，容易达成交易。人员推销可以对未来可能的顾客先做一番研究和选择，拟定具体的推销方案、推销目标和推销策略等。通过电话或传真的预约，确定推销对象，以便实地推销时，目标明确，容易获得推销成果，同时也可将不必要的经费和时间浪费降低到最低限度。

（3）可兼任其他营销功能。推销人员除了担任多项产品（服务）推销工作外，还可以兼做信息咨询服务，收集客户情报、市场调研、开发网点，帮助顾客解决商业性事项等工作。这种角色的转换可以赋予物流企业获得最新市场动态信息的能力。

◉ 缺点。

当市场广阔而又分散时，推销成本较高，人员过多难以管理，理想的推销人员也并非易得。因此，除了致力于推销人员的挑选与培训外，其他推销方式也是有效的补充。

2. 物流企业人员推销7步骤

物流企业人员推销7步骤如表5-20所示。

表5-20　物流企业人员推销7步骤

步　骤	任　务	实　施　要　点
第一步	寻找并识别目标客户	寻找需要本企业产品、又有支付能力和购买决策权的潜在购买者。 寻找顾客的方法很多，如老客户介绍、自行观察、查阅资料，或通过专业公司查找等。推销员可根据产品和推销环境的特点灵活选用。 寻找到潜在客户后，再通过查看其经济实力、交易额、特殊需求及发展前景等找到适合发展业务关系的潜在客户
第二步	约见前准备	正式约见顾客之前，推销人员必须做好推销准备工作： （1）掌握信息，尽可能充分了解清楚潜在顾客、自身产品以及竞争对手产品的情况。 （2）做好计划，确定好会客的议题和步骤，选择好合适的推销方式和策略，设计好自身的形象并做好心理上的准备，包括对顾客可能提出的异议的应对准备
第三步	约见客户	与推销对象开始正式接触时，推销人员要注意礼节、保持自信，给顾客留下一个好的第一印象，使其对自己和推销的产品产生兴趣，为顺利进行推销洽谈创造良好条件
第四步	推销洽谈	推销洽谈是一个传递推销信息并说服顾客购买产品的过程。推销说服首先要运用提示和演示的方法，如利用语言艺术来传递推销信息，出示文字或图片、播放声音和图像、展示产品、操作产品等，有的放矢地向顾客介绍企业及企业的产品，使顾客能较好地认识产品
第五步	异议处理	在进行推销洽谈的过程中，客户几乎都会对企业提供服务的某些方面产生疑虑甚至异议，推销人员必须认真分析和恰当处理这些意见，力争破解成交的障碍
第六步	促成交易	在推销说服过程中，各个阶段都可能达成交易。在成功地消除客户疑虑后，推销人员要善于识别和捕捉顾客发出的成交信号，当机立断地采取适当方法，促成顾客立即采取购买行动。成交越早，推销成功的可能性越大，效率也就越高
第七步	售后服务	双方达成交易并不意味着推销过程的终止。跟踪访问及售后服务的直接目的在于了解买主是否对自己的选择感到满意，发掘可能产生的各种问题，表示推销员的诚意和关心，以促使顾客做出对企业有利的购后行为

3. 什么样的人适合做推销

（1）品质可靠的人。人员推销大多是一个人单独进行，推销中所涉及的很多购销条件，在一定限度内可由推销人员自己掌握。因此，推销人员必须忠诚可靠，并能赢得客户对他的信任。如果推销人员欺诈客户和自家企业，唯独使自己获得好处，其后果是可想而知的。一般可通过征询过去与他有交往的人的看法，如他的介绍人、同事及领导或他以前的老客户等，探询其个人品质。

（2）具有独立工作能力而又具有合作精神的人。推销人员在推销过程中，需要依靠自身的力量，富有开创性地工作，因此必须具有独立工作能力，同时又能与其他团队成员协作。

（3）具有相当智力与谈话水平的人。推销人员必须具有较强的记忆力，相当广泛的知识面，必须对公司的每项产品或服务有深入的认识，对各种可能的客户有深切的了解，谈吐自如、举止适度。

（4）愿去各地出差的人。由于物流客户分布各地，有的甚至跨省或跨国，因此，销售人员经常需要出差，不愿出差的人不太适合做推销工作，除非其业务范围就在本区域。

4. 推销人员应该了解的内容

推销是一项很复杂的工作，面对的客户形形色色，环境也各不相同。作为一名优秀的推销员，必须清楚地知道自己在推销之前需要了解哪些方面的内容，方能有的放矢，取得成功。

（1）了解自己的企业。推销人员在推销之前，必须对自己的企业包括成长史、资产规模、财务状况、设施设备、销售情况、优惠政策、客户关系、销售方式、管理模式等都有较为详细的了解，这样才会避免陷入被客户问及一些问题而无法回答的境地。

（2）了解物流产品。了解物流服务产品，不仅要知道企业的物流服务产品是什么，其价格、成本有多少，还要知道物流服务产品有什么功用，能给客户带来什么利益，与其他同类产品相比有什么优点，客户通过什么方式可以获得这种产品，公司给客户提供哪些增值服务以及公司有哪些支持措施或政策等。

（3）了解客户的需求。推销人员的最高境界是立足于满足客户的需求，而不是单纯地推销物流服务。推销人员只有了解了客户的需求，才能利用所推销的产品唤起客户的购买欲望，进而产生购买行动。

（4）了解客户个性特征。所谓知己知彼，百战百胜。推销人员除了要了解自己之外，还要了解客户。推销人员充分了解客户，推销时才会有明确的方向和目标，成功的几率才会越大。了解客户包括了解客户的姓名、性别、年龄、教育背景、生活方式、生活水平、收入水平、消费习惯、个人兴趣等。

（5）了解竞争对手。市场充满竞争，了解竞争对手，方能清楚自己产品的优缺点，推销时才能更好地扬长避短，突出自己产品的优势，满足客户的需求。了解竞争对手包括要清楚他们的物流服务项目是什么，价格和成本是多少，该公司有哪些优惠政策，其服务项目与自己的产品相比有哪些优势，该公司的财务状况如何，其推销人员的推销方法和手段等。

5. 物流企业人员推销的主要策略

人员推销可以运用的策略有很多种，其中比较常用的策略有 3 种，如表 5－21 所示。

表5－21　物流企业人员推销的主要策略

主要策略	实施要点
“刺激—反应”策略	它基于“刺激—反应”这一心理过程，在推销员不了解客户需求的情况下，通过使用正确的刺激性语言、图片、条件和行动等说服客户购买。这种策略在上门推销和电话推销物流服务时效果较好
“启发—配方”策略	这也是基于“刺激—反应”这一心理过程，推销员事先争取与客户一起讨论客户的业务项目，弄清客户的需求和态度。然后推销员再向客户陈述介绍本企业所提供的服务，说明企业的服务项目如何能满足客户的需求，引起客户的兴趣，促使交易的达成
“需要—满足”策略	这种策略是通过推销员与客户的交流，使客户意识到自己的真正需求，并希望满足这些需求。推销员再站在客户的立场上向客户推荐本企业所提供的服务，使客户感到推销员成了他们的参谋，从而较顺利地推动成交

5.4.3　物流企业广告策略

1. 什么是广告

广告主要是指特定的广告主通常以付费的方式通过各种传播媒介，对商品、服务或观念等信息进行的非人员介绍和推广。

2. 广告的作用

（1）传递信息、沟通产需。广告最基本的功能就是认识功能。通过广告，物流企业可以把有关服务的信息传递给客户，引起客户的注意与兴趣，从而起到传递信息、沟通产销的作用。

（2）激发需求、增加销售。物流企业提供的服务种类繁多，而且新的服务产品不断推出，客户很难及时了解和辨别各种产品的具体情况。通过广告宣传，可以向客户介绍企业的服务信息，使客户较为全面地掌握各种服务产品的特点，有利于客户鉴别和购买自己需要的服务。

（3）树立企业形象、提高企业知名度。物流企业进行广告宣传，不仅可以促进其业务量扩大，而且有利于企业树立良好的公众形象，提高企业在社会上的知名度。

3. 物流企业广告决策

物流企业广告决策主要包括广告目标确定、选择广告媒体、广告预算决策和广告效果评估。

（1）广告目标确定。广告决策的首要步骤，就是确定广告目标，即企业希望通过借助广告活动所要达到什么样的目的。广告目标的明确与一致，将直接影响广告效果。

广告的最终目标是增加销售量和利润，但企业利润的实现，是企业营销组合战略综合作用的结果，广告只能在其中发挥应有的作用，因此，增加销售量和利润不能笼统地作为广告目标，如表5－22所示。

表 5-22　物流企业可以选择的广告目标

广告目标	具 体 表 现
以提高产品知名度为目标	主要是向目标市场介绍企业产品，唤起初步需求。以提高产品知名度为目标的广告，称为通知性广告。通知性广告主要用于一种产品的开拓阶段，提高客户对服务的认知程度，其中着重要求提高新产品的知名度、了解度和客户对厂牌标记的记忆度
以建立需求偏好为目标	旨在建立选择性需求，致使目标购买者从选择竞争对手的品牌转向选择本企业的品牌。以此为目标的广告叫做诱导性广告或竞争性广告。物流企业以此为广告目标，目的是为了巩固已有的市场阵地，并在此基础上深入开发潜在市场和刺激购买需要
以提示、提醒为目标	目的是保持消费者、用户和社会公众对产品的记忆。提示性广告在产品生命周期的成熟期十分重要。与此相关的一种广告形式是强化广告，目的在于使产品现有的消费者或用户相信他们所做出的选择是正确的

（2）选择广告媒体。广告媒体是用于向公众发布广告的传播载体。广告媒体是广告主为推销商品，以特定的广告表现，将自己的意图传达给消费者的工具或手段。不同的广告媒体具有不同的特点，它限制着广告主意图的表达和目的的实现。不同的广告媒体，它的传播范围、时间、所能采用的表现形式以及接受的对象都是不同的。

物流企业可以选择的广告媒体主要有：报纸、杂志、广播、电视、户外广告以及邮寄广告和其他媒体。其中，报纸、杂志、广播、电视是常见的四大广告媒体。近年来，因特网在广告促销中的作用日益突出，已被人称为第五大广告媒体。

（3）广告预算决策。广告预算决策是企业广告决策的一项重要内容。广告预算是企业为从事广告活动而投入的预算。由于广告预算收益只能在市场占有率的增长或者利润率的提高上最终反映出来，因此，一般意义上的广告预算，是企业从事广告活动而支出的费用。

（4）广告效果评估。测定和评价广告效果，是完整的广告活动过程中不可缺少的重要内容，是企业上期广告活动结束和下期广告活动开始的标志。

广告效果是通过广告媒体传播之后所产生的影响。这种影响可以分为：对消费者的影响——广告沟通效果；对企业经营的影响——广告销售效果。

◉ 广告沟通效果。广告沟通效果在于分析广告活动是否达到了预期的沟通效果。即物流企业广告对于客户知晓、认知和偏好的影响。它是以客户对物流企业认知程度的变化情况或客户接受广告的反应等间接促销因素为根据确定的效果。

◉ 广告销售效果。广告销售效果主要是测定广告传播之后对企业产品销售的影响。一般来说，广告的销售效果要比沟通效果更难评估。因为，除了广告因素外，产品的特色、价格竞争等因素均影响销售额。

5.4.4　物流企业营业推广策略

1. 什么是物流企业营业推广

物流企业营业推广策略是指在短期内能迅速刺激需求、吸引客户、鼓励购买物流企业服务产品的各种促销方式。营业推广策略范围很广泛，主要是企业为了在一定时期内有效增加销售量，扩大经营业绩而采取的各种营业外活动。它可以是陈列、展示和展览会、示范操作以及种种非常规的、非经常性的活动。比如，打折、有奖销售、赠送礼品券，等等。

2. 营业推广的类型

（1）对消费者的营业推广。如赠送样品、提供各种价格折扣、消费信用、赠券、服务促销、演示促销、包装促销、购物抽奖等。

（2）对中间商的营业推广。如批量折扣、现金折扣、特许经销、代销、试销、联营、业务会议等。

（3）对推销人员的营业推广。如奖金、带薪休假、销售竞赛等。

3. 营业推广五步曲

营业推广五步曲如表5－23所示。

表5－23　营业推广五步曲

营业推广五步曲	组织实施
第一步：确立营业推广的目标	根据企业的营销目标，确定营业推广的目标。对消费者来说，推广目标可以确定为鼓励经常和重复购买、吸引新购买者试用，改进和树立品牌形象等；对中间商来说，推广目标可以确定为促使零售商购买新的产品项目和提高购买水平，鼓励非季节性购买，建立起零售商对该品牌的忠诚，打进新的零售行业等；对推销人员来说，推广目标可以确定为鼓励对新产品成熟型号的支持，鼓励更高的销售水平等
第二步：选择营业推广工具	根据市场类型、营业推广目标、竞争条件和环境、促销预算分配及每种推广工具的预算等合理选择营业推广的工具，同一个推广目标可以用多种推广工具来实现。在选取推广工具时，为了实现最优的推广效益，可以进行比较选择和优化组合
第三步：制定营业推广方案	根据营业推广的目标，比较和确定刺激程度、选择营业推广对象、选择营业推广的媒介、选择营业推广的时机、确定营业推广的预算
第四步：实验、实施和控制营业推广方案	可采取询问消费者、填调研表、在有限的地区内试行方案等方式检验推广工具的选择是否适当，刺激程度是否理想，现有的途径是否有效。当实验同预期相近时，便可进入实施阶段。在实施中，要密切注意和测量市场反应，及时进行必要的推广范围、强度、频度和重点的调整，保持对推广方案实施的良好控制，以顺利实现预期的目标
第五步：评估营业推广的效果	在营业推广方案实施后要对其有效性进行总的评估，最普通的方法是比较推广前、推广期间和推广后的市场份额变化。此外，营销人员也可以采用消费者调研的方式来了解事后有多少人能回忆起这项推广活动，他们如何看待这项推广活动，有多少人从中得益，这项活动如何影响他们后来的品牌选择行为等等。营业推广效果的评估还可以通过变更刺激程度、推广时间、推广媒介、推广对象来获得必要的经验数据，进行比较分析并得出结论

5.4.5　物流企业公共关系策略

1. 什么是物流公共关系策略

物流公共关系策略就是物流企业为改善与社会公众的关系，促进公众对组织的认识、理解及支持，达到树立良好组织形象，促进服务或产品销售的一系列促销活动。其目标就是营造企业内外部良好的经营环境，其对象是那些掌握资源的特定人（群），并通过对目标人群进行宣传、沟通和协调，以争取目标人群对自身的认可和支持。

2. 公共关系的构成要素

公共关系是由社会组织、公众和传播沟通三大要素构成的。社会组织是公共关系的主体，它主宰着公共关系活动，决定公共关系状态；公众是公共关系的客体，他们的态度和行为影响着社会组织目标的实现；信息传播沟通是公共关系的手段，它决定着公共关系活动的效果。

（1）公共关系主体——社会组织

社会组织简称组织，是指人们为实现特定目标，按照一定的规范建立起来的社会团体。如政治组织、经济组织、军事组织、文化团体以及民间组织等具体机构，它是实施公共关系活动的主体，可以发起和从事各种公共关系活动。一般来说，物流企业是物流公共关系中实施活动的主体。

（2）公共关系客体——公众

公众是指与企业经营管理活动发生直接或间接联系的组织和个人，主要包括顾客、供应商、新闻媒介单位、社区、上级主管部门和企业内部员工等。公众的数量以及态度，决定着组织生存环境的优劣。正确认识和分析公众，积极地影响公众，争取不同公众对组织的理解与支持，是公共关系工作的重要任务。

（3）公共关系的手段——信息传播沟通

传播是指个人间、群体间或群体与个人之间交换、传递新闻、事实、意见、感情的信息交流过程。信息传播沟通是连接公共关系主体和客体的纽带，它是公共关系的工作过程，也是公共关系的基本手段。信息传播的质量和效果决定着公共关系工作的效果。

公共关系的涉及面很广，泛指企业外部各个方面。公共关系的对象众多但载体单一，传媒既是公关的主要载体，又是公关的对象。离开了传媒，公关活动的影响力和效果将大打折扣。

3. 公共关系促销方法

公共关系促销的基本目的，是通过信息、情况的沟通，使企业在公众和目标市场形成良好的社会形象，不断提升其社会形象。公共关系促销常见的几种方法如表5－24所示。

表5－24　公共关系促销常见的几种方法

公共关系促销	实施要点
利用新闻或创造新闻	无论是企业内部的事件还是企业与社会的联系，有新闻价值、社会意义的题材要尽量发掘，主动编制。但是要避免在公众中产生炒作和有偿新闻的嫌疑

续上表

公共关系促销	实施要点
参加公益活动	公益活动讲究社会效益，主动筹办公益活动或积极参与公益活动，是企业实施公共关系策略的有效方法。关心社会公益事业的企业是可信的、受尊重的，当然也具备经济实力
举办专题性报告会、纪念活动或科普活动	举办专题性报告会、纪念活动或科普活动，较容易把企业的产品和技术优势展现于公众，而关于企业及产品、技术、财务与管理的介绍材料、小册子或音像资料，如果装印精美，用语准确，也是给公众和客户留下良好形象的载体形式
商业赞助	在诸多商业活动如电影、电视剧拍摄、运动俱乐部建设和运作中，企业提供经费予以协作或冠名，也是扩大企业影响、提升企业形象的有效途径

实施公共关系策略，企业可选择的方法不少，但要强调运用得当，在情在理。

【实战训练5－5】

TNT公司“人梯TNT次方”广告

国际快递、物流和邮政巨头荷兰TNT公司在中国区有一则著名的广告：一位客户被一堵高墙挡住，TNT的员工搭成一座人梯，帮助客户翻过高墙。那么，TNT公司的这则广告究竟想传递什么信息呢？

TNT公司，这个致力于为其他企业提供“人梯”支持的企业，早在1988年就已经进入中国。如今，它正在中国打造自己的竞争优势。TNT中国区CEO肯·迈高表示，“这个广告本身就说明TNT的员工要扮演的角色。我们在考虑向市场推出TNT这样一个品牌的时候，注意到其他的竞争对手，他们更多的是从自我的角度去考虑这样一个问题——我的公司如何。我们希望站在客户的角度考虑，就是说，客户希望我们做什么。我们要传达两个信息：对外，通过这个广告我们要宣传TNT能给他们带来什么样的支持；对内，这个广告会让每一个员工明白，自己的工作目标是建立一支团队去为客户提供支持。这个是我们希望能够表达的。”

而TNT公司做过的一项调查显示：员工的跳槽率，TNT公司在行业内是最低的，低于10%，行业的平均水平是15%～25%。2003年，TNT公司曾经作过一个员工的调查，员工的参与率达到90%，行业的平均水平是60%～70%。员工的满意度是85%，行业的平均水平是60%～65%，远远高于行业的平均水平。

【讨论分析】

请分析：TNT公司的“人梯TNT次方”广告的目的是什么？

【重点回顾】

（1）物流企业产品组合；

(2) 物流产品品牌策略;
(3) 物流产品市场生命周期;
(4) 物流企业新产品开发的程序;
(5) 物流企业定价方法;
(6) 物流企业定价策略;
(7) 物流企业分销渠道类型;
(8) 物流企业促销策略。

模块三　物流客户开发

任务六　寻找与识别物流客户

【任务描述】

- 掌握寻找物流客户的渠道；
- 学会如何识别潜在物流客户；
- 知晓如何建立物流客户档案。

【案例呈现】

2010年广西泛北部湾港口、物流及仓储设备展览会

展会时间：2010年7月2日—4日
展会地点：中国—南宁国际会展中心
主办机构：广西机械工程学会
联合承办：青岛博世会展有限公司；南宁凯路博展览有限公司
海外协办：香港笔耕文化传播有限公司
宣传推广：

（1）通过庞大专业的观众数据库，通过广告媒体、电话、传真、电邮、直邮、拜访、短信等多种形式邀请目标客户参观，倾力让参展商获得更好的参展效果。印刷20万份邀请函和门票，通过行业商会、驻华使馆商贸处，免费派发至各省港口、物流、仓储、建筑、铁路、市政公用、环卫、隧道、桥梁、堤坝、冶金、煤炭、矿山、电站、水利水电、规划设计、勘察咨询等行业的企事业单位，盛邀相关专业人士前来参观、洽谈、采购。

（2）组委会通过政府机关、行业协会等渠道对境内外专业观众进行大力宣传推介。在海内外60多个有影响力的专业贸易杂志、报纸、户外广告、商贸网站及行业商会的刊物刊登广告及发布展会新闻，并侧重于邀请东盟十国、日本、韩国、印度等国家和地区的采购商。

（3）组委会成立专业小组到省内外各地市宣传推荐，并在行业内的知名展会和活动现场发放邀请函，组织邀请专业观众；邀请国内外港口、物流及仓储等行业的企业做专场学术交流会，邀请政府机构和专业人士莅临展会并参与研讨会。通过政府部门、科协和行业学会等力量动员各市及周边地区的相关单位、学会，邀请学会会员及当地代理商、经销商等人员参展、参观。

展览范围：

港口设备、集装箱类、仓储技术与设备、物流运输车辆、物流服务与信息系统。

【案例研讨】

1. 上述展览会主要目的是什么？
2. 作为物流企业的市场开发人员，如何去寻找合适自己的潜在客户？

【任务实施】

作为物流企业的市场开发人员，在企业制定具体的营销策略之后，就要有针对性地进行物流客户的开发了。在寻找客户之前，必须先弄清物流企业客户开发的流程及原则，充分了解自己的产品和客户，做好一系列的前期准备工作，方能有效寻找并识别潜在客户，取得销售工作的成功。

6.1　寻找物流客户前的准备工作

6.1.1　了解物流客户开发的原则

1. 需求第一

开发物流客户，不仅仅是向物流客户销售物流产品或服务，而是强调产品或服务各种各样的特点与性能所能够给使用者带来的利益，目的是为了满足客户的某种需求和欲望。因此，开发客户的首要原则必须是满足使用者的某种基本需求，从需求出发，以需求为中心，唤起客户的某种需求，刺激和发展某种需要，直至满足客户的某种需要。市场开发人员不能向客户销售不能满足其需要的商品和劳务。

2. 互惠互利

互惠互利不仅仅在于企业能获得多少利益，同时还要使购买者获得所需要的利益，这是顾客不断购买的基础和条件。精明的市场开发人员把企业的利益放在长远上，从长远、整体、综合的角度加以全面考察，而不是过于计较眼前的细小利益。受欢迎、受期待的市场开发人员，必然是为客户提供利益的销售员。

3. 诚信为本

信守承诺是人的美德，不能为了引诱客户订货而向客户许下不能履行的诺言。市场开发人员时刻要记住，你能否得到客户订单的重要因素就是客户对你的信任，而不是你的销售技巧。如果为了一次的订单而随意许诺，那么下次就别再想得到客户的订单了。尽量少许诺，多做实际工作。

4. 说服劝导

由于种种原因，客户可能一时还不能认识到其潜在的需求或还在因为某一原因而犹豫，这时市场开发人员可以根据客户的实际情况进行适度的说服和劝导，但要注意的是，不能让客户认为你是在强迫他下订单。

6.1.2　掌握物流客户开发的流程

物流客户开发的流程主要包括访前准备、寻找顾客、接近顾客、洽谈沟通、达成交易、售后服务及业务款回收，如图6－1所示。

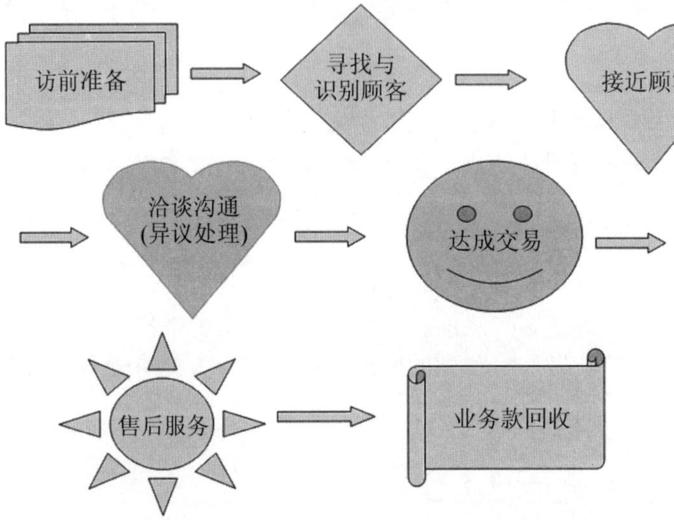

图6－1　物流客户开发的流程

1. 访前准备

访前准备主要包括了解自己的公司、了解自己的产品，分析目标客户的消费特征及消费群，掌握竞争者的动态，准备好与销售工作相关的工具等。主要为寻找顾客及销售洽谈做准备。

2. 寻找与识别顾客

寻找顾客是客户开发的关键一步，能否有效寻找到顾客并进行准确识别，直接关系到客户开发的成败。识别物流客户主要从客户的需求度、购买力、决策权和信用度等方面进行。

3. 接近顾客

物流市场开发人员要根据拟接近的客户性质及类型，制订自己的拜访计划，确定采用什么样的接近方式，如何会见等，使双方的初次会见有一个良好的开端。

4. 洽谈沟通（异议处理）

初步接近客户后，将很快转入洽谈沟通阶段。物流市场开发人员采用恰当的方式和技巧，着重向客户描述产品带给他们的利益，而客户也会在此阶段提出他们对产品或服务的各种异议或疑问，双方会就此展开深入的洽谈和沟通。

此阶段对销售工作起着至关重要的作用，如果市场开发人员对客户的异议处理恰当，让客户满意，则很容易达成交易。否则，交易很难成功。

5. 达成交易

市场开发人员在与客户打交道的过程中，要密切注意客户可能出现的成交信号，包括客户的言辞、举止、表情、事态等，及时把握机会，提出成交。

6. 售后服务

若想保证物流客户感到满意并成为公司的“回头客”，有利于培养成公司的忠诚客户，售后服务是必不可少的。交易达成后，物流企业及物流客户服务人员包括物流市场开发人员要及时向客户提供相关的售后服务，如货物跟踪、订单查询、送货上门等，因为这对合同的履行、下次交易等诸多方面都会产生直接的影响。

7. 业务款回收

与客户签订订单，只表示把客户带给了企业，把产品或服务交给了客户，并不代表有100%的把握拿到业务款。作为一名市场开发人员，只有把业务款顺利收回才表示销售工作告一段落。

6.1.3　了解自己和竞争对手

1. 了解自己的企业

了解自己的企业主要包括企业的发展历史、目前的经营状况、组织机构和人员情况等，如表 6－1 所示。充分了解自己的企业有利于市场开发人员在客户当中树立企业的形象，传播企业文化，增强销售的信心。

表 6－1　企业发展状况及经营状况主要内容

要　素	主　要　内　容
企业发展状况	（1）企业创立的时间、地点和创办人。企业创办人的精神和人格魅力往往对企业日后的发展有着重要的影响。 （2）早期的生产规模、产品种类和销售状况。 （3）产品的发明时间和过程。 （4）企业里有代表性的人物的经历和影响力。 （5）企业名称和商标的来历及相关的小故事。 （6）企业发展过程中历史性事件
企业经营状况	竞争能力、市场占有率、行业地位、企业发展战略、定价策略、销售区域及销售额、生产能力、供应能力、销售政策等

2. 了解自己的产品

（1）产品自身。包括品种、品名、规格、型号、供应量、产地、生产日期、知名度、价格及价格政策等。

（2）产品质量。包括产品内在的功能、技术标准、规范性能、成熟性、保持期、安全性、外观、包装式样、新用途等。

（3）产品的售后服务。包括门到门服务、免费送货、免费更换期、免费保修期、保修期、服务反应时间、服务程度、收费标准、投诉处理等。

（4）产品的发展前景。包括产品的生命周期、市场占有率、公司对产品的发展规划等。

3. 了解竞争对手

了解竞争对手主要从以下 4 个方面进行。

（1）了解竞争对手的生产技术、生产方式、生产能力、生产成本、价格水平和广告策略等方面的信息。

（2）了解竞争产品有什么特性，哪些性能优于自己的产品，哪些性能不如自己的产品等。

（3）了解对方销售人员的个人品性、能力、常用的销售手段和方法等。

（4）了解竞争对手的营销战略、营销策略、客户状况等。

6.1.4 了解物流客户的消费特征

1. 客户的心理需求

心理需求指导人们感受到的贫乏状态，即没有得到某些基本满足时的感受。美国社会心理学家、人格理论家和比较心理学家亚伯拉罕·马斯洛（Abraham Harold Maslow, 1908—1970）把人的需求分成生理需求、安全需求、归属和爱的需求、尊重需求和自我实现需求五类，依次由较低层次到较高层次（如图6-2所示）。

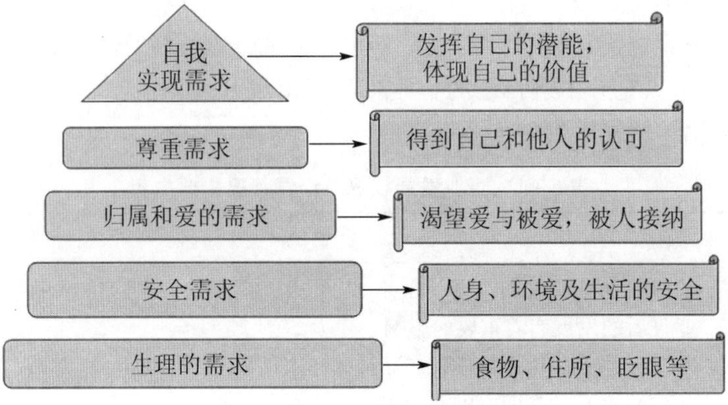

图6-2 马斯洛需求层次理论

（1）生理上的需求。这是人类维持自身生存的最基本要求，包括食、衣、住、行等方面的要求。如果这些需要得不到满足，人类的生存就成了问题。生理需要是推动人们行动的最强大的动力。马斯洛认为，只有这些最基本的需要得到满足后，其他的需要才能成为新的激励因素，而到了此时，这些已相对满足的需要也就不再成为激励因素了。

（2）安全上的需求。这是人类要求保障自身安全、摆脱事业和丧失财产威胁、避免职业病的侵袭、接触严酷的监督等方面的需要。

（3）归属和爱的需求。这一层次的需求包括两个方面的内容。一是友爱的需要，即人人都需要伙伴之间、同事之间的关系融洽或保持友谊和忠诚；人人都希望得到爱情，希望爱别人，也渴望接受别人的爱。二是归属的需要，即人都有一种归属于一个群体的感情，希望成为群体中的一员，并相互关心和照顾。感情上的需要比生理上的需要来得细致，它和一个人的生理特性、经历、教育、宗教信仰都有关系。

（4）尊重的需求。人人都希望自己有稳定的社会地位，要求个人的能力和成就得到社会的承认。尊重的需要又可分为内部尊重和外部尊重。内部尊重是指一个人希望在各种不同情境中有实力、能胜任、充满信心、能独立自主。总之，内部尊重就是人的自尊。外部尊重是指一个人希望有地位、有威信，受到别人的尊重、信赖和高度评价。马斯洛认为，尊重需要得到满足，能使人对自己充满信心，对社会满腔热情，体验到自己活着的用处和价值。

（5）自我实现的需求。这是最高层次的需要，它是指实现个人理想、抱负，发挥个人的能力到最大限度，完成与自己的能力相称的一切事情的需要。也就是说，人必须干称职的工作，这样才会使他们感到最大的快乐。马斯洛提出，为满足自我实现需要所采取的途径是因人而异的。自我实现的需要是在努力实现自己的潜力，使自己越来越成为自己所期望的人物。

马斯洛的需求层次理论基本观点：

（1）五种需求像阶梯一样从低到高，按层次逐级递升，但这种次序不是完全固定的，可以变化，也有种种例外情况。

（2）一般来说，某一层次的需要相对满足了，就会向高一层次发展，追求更高一层次的需要就成为驱使行为的动力。相应的，获得基本满足的需要就不再是一股激励力量。

（3）五种需要可以分为高低两级，其中生理上的需要、安全上的需要和感情上的需要都属于低一级的需要，这些需要通过外部条件就可以满足；而尊重的需要和自我实现的需要是高级需要，它们是通过内部因素才能满足的，而且一个人对尊重和自我实现的需要是无止境的。

（4）同一时期，一个人可能有几种需要，但每一时期总有一种需要占支配地位，对行为起决定作用。任何一种需要都不会因为更高层次需要的发展而消失。各层次的需要相互依赖和重叠，高层次的需要发展后，低层次的需要仍然存在，只是对行为影响的程度大大减小。

（5）一个国家多数人的需要层次结构，是同这个国家的经济发展水平、科技发展水平、文化和人民受教育的程度直接相关的。在不发达国家，生理需要和安全需要占主导的人数比例较大，而高级需要占主导的人数比例较小；而在发达国家，则刚好相反。在同一国家不同时期，人们的需要层次会随着生产水平的变化而变化。

作为一名市场开发人员必须了解潜在客户的需求心理究竟处于哪一层次，其销售的产品或服务能否满足其需求。

2. 顾客的购买动机

动机是以需要为基础的，当人的某种需要没有得到满足时，就会推动人们去寻找满足需要的对象，从而产生行为活动的动机。顾客的购买动机及其表现特征如表6－2所示。

表6－2　顾客的购买动机及其表现特征

购买动机	表现形式	购买特征
生理性购买动机	为了维持和延续生命，由饥渴、冷暖、行止、作息等生理本能引起的动机。 具体表现形式有维持生命动机、保护生命动机、延续生命动机等	具有经常性、重复性和习惯性的购买特点。所购买的商品，大都是供求弹性较小的日用必需品。如：消费者为了解除饥渴而购买食品饮料，是在维持生命动机驱使下进行的；为抵御寒冷而购买服装鞋帽，是在保护生命动机驱使下进行的；为实现知识化、专业化而购买书籍杂志，是在发展生命动机驱使下进行的
心理性购买动机	情绪动机：由人的喜、怒、哀、欲、爱、恶、惧等情绪引起的动机	情绪动机常常是被外界刺激信息所感染，所购商品并不是生活必需或急需，事先也没有计划或考虑。情绪动机推动下的购买行为，具有冲动性、即景性的特点。如为了增添家庭欢乐气氛而购买音响产品，为了过生日而购买蛋糕和蜡烛等

续上表

购买动机	表现形式	购买特征
心理性购买动机	情感动机：是道德感、群体感、美感等人类高级情感引起的动机	这类动机推动下的购买行为，一般具有稳定性和深刻性的特点。如爱美而购买化妆品，为交际而购买馈赠品等
	理智动机：建立在人们对商品的客观认识之上，经过比较分析而产生的动机	对欲购商品有计划性，经过深思熟虑，购前做过一些调查研究，具有客观性、计划性和控制性的特点。如经过对质量、价格、保修期的比较分析，有的消费者在众多品牌洗衣机中，决定购买海尔牌洗衣机
	信任动机：基于情感与理智的经验，对特定的商店、品牌或商品，产生特殊的信任和偏好，使消费者重复地、习惯地前往购买的动机	这类动机推动下的购买行为，具有经验性和重复性的特点。如有的消费者几十年一贯地使用某种牌子的牙膏；有的消费者总是到某几个商店去购物等
社会性购买动机	受社会文化、社会风俗、社会阶层和社会群体等因素的影响引起的行为动机称为社会性购买动机	此类购买动机主要由社交、归属、自主、成就、威望、荣誉等意念而引起，具有一定的从众心理

3. 顾客的消费心态

了解客户的购买动机还远远不够，作为一名市场开发人员，还必须了解客户常见的几种消费心态，心态不同，其关注的要点也不同。市场开发人员要根据客户的消费心态采取不同的销售方法和技巧。

顾客在购买活动中的最关注的两个具体目标：①尽力买到称心如意的产品，完成采购任务；②希望得到销售人员的热情周到的服务，与销售人员建立良好的人际关系。根据这两个具体目标，可以将顾客消费心态分为漠不关心型、软心肠型、防卫型、干练型和寻求答案型5种，如表6－3所示。

表6－3　5种顾客消费心态

消费心态	特点	实施要点
漠不关心	既不关心销售人员也不关心购买行为及其结果。这类顾客一般只是受命于人，自己没有购买决策权	此类客户购买一般不是自己需要的产品，对购买持消极态度，尽量回避销售人员以推脱购买责任。销售人员应积极找准决策人
软心肠型	极为关心销售人员，对于购买行为及其结果不太关心。极易被销售人员说服，一般不会拒绝	此类客户比较注意销售人员的言谈举止，重视建立感情，对于销售气氛十分敏感。销售人员要善于处理人际关系，给顾客留下良好的印象，让顾客信任自己从而信任所销售的产品或服务

续上表

消费心态	特　点	实 施 要 点
防卫型	对购买行为及结果十分关心，对销售人员极具戒心。表现为对销售人员极为冷淡，采取防卫态度	销售人员要以实际行动说服和感化客户，使客户对销售人员产生信任，打消客户的偏见，而不是急于销售产品或服务
干练型	既关心购买行为也关心与销售人员的关系。表现为在购买过程中比较冷静，既重感情也重理智，自信	销售人员应摆事实、讲道理，比较竞争产品与销售产品的优缺点，帮助客户分析如何购买才能获得最大实惠，让客户自己做出购买决策
寻求答案型	高度关心自己的购买行为，又高度关心与销售人员的人际关系。表现为十分清楚自己需要的东西，又很了解市场行情，非常欢迎能解决问题的销售人员	销售人员要认真分析客户需要解决的问题，向他们推荐最适合的产品或服务。否则，不管销售人员采取何种销售手段和技巧，这类顾客也不会购买他们不需要或不满意的产品或服务。此类客户是最成熟的购买者

4. 顾客的购买模式

顾客的购买模式决定产品的介绍方法。顾客的购买模式主要有如表6－4所示的几种。

表6－4　顾客的购买模式

购买模式	特　点	对　策
自我判定型（理智型）	有主见，知道自己需要什么样的产品或服务，强调产品或服务带来的好处与利益。这类顾客比较固执，当下定决心买什么东西后就不太容易改变他的决心，说服他买其他的或没有考虑过的产品是不太可能的	这种顾客不喜欢强迫推销。要用商量的口气，客观的介绍产品。强调产品或服务的优点以及购买产品所会得到的利益和好处
外界判定型（感性型）	话语较多，容易受别人意见的影响，在乎别人的看法。犹豫不决，不容易下决定	比较在意彼此之间的感觉，也比较在意购买时别人是否满意。要多提供客户的见证、媒体报道、专家的意见。服务态度要好
一般型	这种人的思维模式善于专注于大方向、大原则、大架构，比较不注意细节	对产品或服务做整体的说明，着重掌握大方向、大原则，介绍时不能太啰嗦
特定型	这类客户在做决定时，主要将注意力放在掌握细节问题，他是比较细心的、观察力是敏锐的、看得到别人看不到的东西。当他在购买一个产品时，必须头脑里有这一产品足够的信息或资讯才能下决定。在买一个东西时，会考虑到几乎所有的购买过程中的小细节，作决定时比较小心谨慎，甚至比较挑剔	注重细节，比较挑剔。提供给客户越详细的资料、数据越多越好。甚至提供一些说服型的数据

续上表

购买模式	特　点	对　策
求同型	求同型的人看事情时，倾向于看相同点，喜欢他所熟悉的、相类似的、相关联的事情，不喜欢差异性。这类客户配合性较好	强调产品与客户所熟悉事物之间的相同点
求异型	喜欢跟别人不一样，逆反心理比较强。观察力、创造性比较好	不要用绝对、肯定、一定、保证、百分之百等词汇，这些词语会造成他的抗拒
追求型	比较在意产品所能够带来的好处和利益。如：这部车省油（追求型）	要言之有理，谈话时一定要精简，不要啰嗦，不断强调产品的利益、好处、优点
逃避型	精力不是放在产品的优点和好处，而是放在我购买了这种产品会给我避免哪些麻烦，减少哪些痛苦。这种客户的特点：当你问他要什么的时候，他反而告诉你他不要什么。如：这部车不废油（逃避型）	强调不买产品给他所带来的麻烦，买了产品能够给他避免的麻烦
成本型	非常在意成本，在意我买这个产品是不是最有价值的选择。在他们的价值体系中非常相信货比三家不吃亏，非常喜欢与人杀价。不管你的东西多便宜，他都会说："太贵了"	告诉他物超所值及其他竞争者的价格
品质型	不在意价钱，在乎产品或服务的品质。这种客户在头脑中相信"便宜没好货"，愿意花更多的钱，选择更好的质量和服务	强调产品的质量、有效性。不要过多强调价钱便宜

6.2 寻找潜在物流客户

在竞争激烈的现代市场环境中，谁拥有的客户越多，谁就能生存、发展、壮大。根据一般企业的经验，客户每年流失1/3左右，据此推算，企业倘若不去开发新客户，不出五年，老客户将消失殆尽，而企业利润的源泉也将枯竭。物流客户是物流企业最重要的战略资源，是企业的利润之源，是企业发展的动力。但客户又不是轻易能获得和保持的。

6.2.1 何谓潜在客户

潜在客户也称目标顾客，是指销售人员认为有接近价值和接近可能，可以作为接近目标的个人或组织。

目标客户应具有3个条件：

（1）有购买某种产品或服务的需要；

（2）有购买能力；

（3）有购买决策权。

6.2.2　寻找潜在物流客户的原则

寻找客户是最具挑战性、开拓性和艰巨性的工作。作为物流公司的市场开发人员必须明白，寻找准客户是一项讲究科学性的工作，是有一定的规律可循的。

1. 满足客户的需求

需求第一。销售工作成功与否首先建立在满足客户的需求之上，要善于发现和挖掘客户的潜在需求，并有效唤起客户的需求。

2. 销售对象范围定位准确

在寻找客户前，首先要确定潜在客户的范围，使寻找客户的范围相对集中，提高寻找效率，避免盲目性。

潜在客户的范围包括销售区域的地理范围和交易对象，即目标客户群体的范围。

3. 强烈的寻找意识

作为市场人员，要想在激烈的市场竞争中不断发展壮大自己的客户队伍，提升销售业绩，就要在平时的“工作时间”特别是在“业余时间”，养成一种随时随地搜寻准客户的习惯，牢固树立随时随地寻找客户的强烈意识。

4. 多途径寻找客户

对于大多数商品而言，寻找销售对象的途径或渠道不止一条，究竟选择何种途径、采用哪些方法更为合适，要将销售产品的特点、销售对象的特征及产品的销售区域结合起来综合考虑。

5. 重视老客户

老客户不但有可能继续购买我们的产品或服务，还有可能介绍和影响潜在的物流客户成为我们的客户。重视老顾客有时会给我们带来意外的惊喜。

6. 充分运用市场细分

企业在进行目标市场定位时，实际上已经对企业的目标客户群体进行了细分，充分运用市场细分，可以全面挖掘潜在客户群体，提高寻找潜在客户的效率。

7. 坚持勤而行之

古语云：“一勤天下无难事。”可见勤而行之是一切成功的最基本要素。销售人员必须树立一个观念：勤奋是你的灵魂。唯有勤奋和努力，才能有成果。你付出多少就回报多少，付出和所得是均等的。

6.2.3　寻找潜在物流客户的方法

寻找潜在物流客户的方法有很多种（见表6－5），具体采用何种方法，要结合具体的实际情况和企业已有资源来定，各种方法也可以互相配合使用。

表6-5　寻找潜在物流客户的方法

寻找方法	实施要点	注意事项
逐户寻访	又叫“挨门挨户访问法”或“地毯式寻找法”等。指销售人员用上门探访的形式，对预定的可能成为客户的单位、组织、家庭、个人逐一地进行访问，从中寻找潜在客户的方法。这种方法可以使销售人员在寻访客户的同时，了解市场、了解客户、了解公众对企业及产品的看法，也可以锻炼销售人员的意志和对市场的观察判断力	属于陌生拜访，是一种古老而比较可靠的方法，但比较费时费力，有时还带有较大的盲目性。 要确定一个合适的访问范围，即选择合适的“地毯”，并斟酌好第一句话的说法和第一动作的表现方法，以减少被拒之门外的可能性
连锁介绍	也称“链式引荐法”，是指销售人员请求现有客户帮助介绍未来客户的方法，请求为其推荐可能购买同种商品或服务的准客户，以建立一条无限扩展式的链条。在寻找新客户的各种途径中，由现有客户推荐而取得成功者占38%，而其他方法均在22%以下	是最有效的寻找客户的方法之一。在请求现有客户介绍新客户时，要充分显示对对方的尊重，打消对方的顾虑，如果对方不愿意，不可强求，并要对介绍人适时反馈事情的进展程度
中心开花法	先说服在一定范围内有较大影响的中心人物或组织购买，通过他们来影响其他人或组织成为潜在客户。运用这种方法的关键是：首先从商业、社会、政治、宗教等领域找到专家、学者、首脑等核心人物，这类人一般在各自的领域都较有影响，拥有资深背景且受人尊敬，并使他们相信你	要与这些核心人物保持紧密的联系。如：发现核心人物感兴趣的文章可以给他邮寄；每月都给他寄点东西，让他记住您；送他有您名字和照片的台历；把核心人物介绍给其他人，扩大其影响力；当他们帮您推荐新客户以后，不管交易是否达成，一定要写信表示感谢
人际关系开发	利用销售人员自身与社会各界的种种关系寻找潜在客户	因为在生活、工作中每个人都会有各种各样的人际关系，包括家人、亲戚、朋友、同事、社会团体的会员等等，这些人都有可能成为客户线索，或可能向销售人员介绍客户线索，因此要与这些人保持良好的关系
资料查询	通过查阅各种信息资料获取潜在客户。销售人员需要利用企业内部或者企业外部已有的相关客户资料，较快地了解大致的市场容量和潜在客户分布情况	从企业外部搜集资料。如：国际互联网；《中国工商企业名录》；地方统计机关；专业杂志；有关协会、港口、海关等名册；各类企业广告和公告等。 从企业内部搜集客户资料。如销售部门的订货合同、客户意见反馈记录；财务部门的原始单据、会计账目等

续上表

寻找方法	实施要点	注意事项
市场咨询	销售人员向一些信息服务公司、市场调查部门进行有偿咨询，让他们提供专业的客户信息	这种方法简便，准确性高，但成本较高，同时要避免咨询公司提供的咨询资料和具体企业的特性不相适应的一面，要对资料进行分析，避免盲目性
广告展销会	销售人员利用产品或服务的各种展示机会来获取需求信息和寻找潜在客户	把获取的信息存档，比如客户的名字、公司、联系方式以及地址等等，同时进行跟踪联系。公司一定要迅速找到并吸引这些潜在客户的兴趣
个人观察	销售人员依靠个人的知识、经验，通过对周围环境的分析和判断来寻找潜在客户	观察法是寻找客户的一种简便、易行、可靠的方法，主要是依据销售人员个人的职业素质和观察能力，通过察言观色，运用逻辑判断和推理来确定潜在客户
委托助手	物流销售人员委托有关人员充当助手，在特定的销售地区与行业内寻找客户及收集情况，传递信息，而销售人员本身则集中精力从事具体的营销活动，或是主要接近那些影响大的关键客户	聘用的助手一旦发现潜在的准客户，立即通知物流营销人员安排营销访问，如此可以获得最大的经济效益
电话或网络	利用电话或网络等各种现代信息技术与互联网通信平台来寻找潜在客户。销售人员借助互联网的强大搜索引擎如：Google、Baidu、Yahoo、Sohu等，可以搜寻到大量的潜在客户。但同时也对物流销售人员提出了新的要求，要能熟练掌握网络技术	电话访问与逐户寻访法相比，具有省时间、效率高、避免当面遭到拒绝的尴尬以及覆盖面广的优势，但是对物流销售人员的素质要求很高。网上寻找客户不受时间限制，全球覆盖，双方即时互动，成本低廉。电话和网络可结合运用
竞争寻找	通过了解竞争对手的顾客情况，寻找相似的客户群体，从而找到潜在的客户	由于与竞争者拥有类似的客户群体，在运用此法时，要避免引起恶性竞争

6.3　识别物流客户

物流销售人员通过各种方法寻找到潜在客户，但并不是所有的潜在客户都能成为企业的真正客户，有效识别物流客户，找准最有可能成为企业真正客户的人去拜访、销售，才能有效减少客户开发的盲目性，提高物流客户开发的效率。

6.3.1　识别谁才是你真正的客户

为了避免出现盲目推销的情形，销售人员需要对可能成为客户的某个具体对象进行详尽的评估和识别，以确定该具体对象成为准客户的可能性大小。一般而言，只有那些对产品有真实需求，有货币支付能力和有购买决策权的客户，才能成为现实意义上的客户，才是合格的客户。

对物流客户的识别主要从客户购买需求、客户购买力、客户决策权、客户信用度 4 个方面进行审查。

1. 审查物流客户购买需求

客户购买需求审查是指销售人员审查确定未来的销售对象是否真正需要其所推销的产品或服务，审查的主要内容如表 6－6 所示。

表 6－6　物流客户购买需求审查的主要内容

需求审查要素	审查内容描述
现实需求审查	现实需求是已经发现的没有被满足的需求，这时顾客已经认识推销产品，同时认为通过购买行为可以寻求满足的平衡与和谐。审查内容包括客户需要什么样的产品或服务，涉及客户购买产品或服务的用途、使用要求、将在什么条件下使用等问题，这些问题决定了准客户对产品或服务的选择标准，并为销售人员提供了推销说服的基点
潜在需求审查	有的客户虽然没有现实需求，但是存在着未来的需求，这些需求是可以被挖掘出来的，或者作为下一步销售的对象
需求量审查	物流客户需要购买物流产品或服务的数量。购买数量涉及销售人员确定报价和议价策略及其他交易条件，销售人员在考察准客户需要多少的问题时，既要考察当前的交易量，也要考察潜在的购买量。若一个物流潜在客户的购买量不大，而且购买又是一次性的，我们就必须权衡客户开发的时间和销售费用，看是否有利可图，若分析的结果表明得不偿失，则需谨慎考虑，不应将其视为物流准客户
特定需求审查	在客户需求审查中，如果发现具有特殊需要的准客户，应该继续进行审查，确切了解特定客户的需求特点及其需求的意义，以便在以后的销售活动中给予满足。例如有些服装经销商运输服装的时候需要特别的集装箱——挂衣箱，需要特殊的悬挂装置来运输不能折叠的衣物
需求时间审查	即准客户做购买决策、签约及履行合约的时间。时间问题可通过准客户的购买计划和采购计划日程做出相应的判断

2. 审查物流客户购买能力

客户购买能力审查是指对物流客户实际购买能力进行分析和判断，其审查的具体内容和途径见表 6－7。客户购买能力是指客户能够以货币形式支付货物款项的能力，实质就是指客户具有的现实购买能力。客户购买能力审查的目的，在于选择有推销价值的目标客户，防止出现被动局面。

一般而言，客户决策程序中各决策环节上的职能部门的主要行政负责人或项目负责人就是相应的决策权力人，他们分段决策、各负其责。但实际情况往往要复杂并微妙得多。例如，一个管理上高度集权的客户，上述决策权力人会变成名义决策权力人和事实上的执行人；而一个严格实行分权管理的客户，则情况相反。此外，由于历史的原因，有时这些决策权力人之间会产生一种十分微妙的权力制约关系。

表6－7　客户购买能力审查的内容及途径

审查客体	审查的内容	审查的途径
个体型物流客户	主要是从收支状况来分析，如从实际收入、购买支出、消费储蓄与信贷等几个方面进行审查	
组织型物流客户	涉及组织购买者的生产状况、经营状况如销售状况、利润的稳定性、重大投资决策、企业员工的流动性等；资金状况、财务状况、财务报表中的重要财务指标，如资产负债率、销售利润增长率等	通过主管部门、注册会计师事务所、销售对象内部，以及通过其他同行了解、银行了解、大众传播媒体及销售人员自我观察等途径审查

3. 审查物流客户决策权

物流客户决策者是指实际控制物流产品或服务采购权的人。物流客户决策权审查的内容如表6－8所示。

表6－8　物流客户决策权审查的内容

审查客体	审查的内容
个体型购买人	（1）审查家庭购买决策的类型，即是属丈夫支配型、妻子支配型还是共同支配型。 （2）审查购买角色。即购买的发起者、影响者、决策者、购买者和使用者分别属于谁
组织型物流客户	组织型物流客户的购买多以集体决策的形式进行，销售人员往往要接近和说服客户决策集体中涉及不同职能部门、不同职位的若干对象。这些对象由于在整个采购活动中的角色和分工不同，自然形成了一定的决策程度和决策权力结构。 （1）决策程序。即客户采购活动在不同职能部门及相应人员之间的作业流程。如在客户单位中往往由常设的供应部负责收集供应信息，接待销售人员；由产品使用单位和使用者提出对产品的使用要求；由总工程师负责拟定产品的技术和选型标准；由行政领导负责最终的购买决策。 （2）决策权力结构。即客户内部决策流程中有关人员之间的决策权力制约关系。这通常是一个极其复杂而又微妙的问题，往往在无形中就决定了销售的成败。销售人员必须极其慎重而准确地做出判断

对客户决策权力结构的审查不能仅以年龄长幼、职务高低、部门职责等表象来做主观判断，以免成为特殊的客户决策权力结构的牺牲品。

4. 审查物流客户信用度

客户信用度指企业潜在客户在履行诺言、遵守交易合同方面的诚信程度。主要包括潜在客户在同行中的口碑效应，当地政府、工商、税务、银行及媒体的评价等。信用度越低的客户，交易风险越大。为尽量避免交易风险，销售人员要尽可能对客户信用度作出自己独立而准确的判断，并通过谈判而实现自我保护。

6.3.2 客户资格审查应注意的问题

（1）注意客户的潜在购买能力。

（2）注意实施资信调查的时机：

① 在开发新的物流客户时，应事前请求资信公司调查，获得某种程度的线索；

② 当物流客户出现谣传时；

③ 当客户有大量进货，超过信用限度时。

6.4 建立潜在物流客户档案

为了增加拜访的有效性，缩减销售周期和销售成本，销售人员需要对进行过资格审查的客户建立潜在客户档案，反映客户本身及与客户关系有关的商业流程的所有信息。包括客户的基本情况、市场潜力、经营发展方向、财务信用能力等。

6.4.1 建立物流客户档案

1. 收集客户档案资料

客户档案资料内容如表6-9所示。

表6-9 客户档案资料内容

客户资料类别	收集内容
基本原始资料	包括客户的名称、地址、电话以及他们的个人性格、兴趣、爱好、家庭、学历、年龄、能力、经历背景等
客户特征资料	主要包括所处地区的文化、习俗、发展潜力等
交易现状资料	主要包括客户的销售活动现状、存在的问题、未来的发展潜力、财务状况、信用状况等

2. 客户档案的分类整理

客户信息是不断变化的，客户档案资料会不断的补充、增加，所以客户档案的整理必须具有管理的动态性，需要经常整理、更新。

6.4.2 物流客户分类

为了有效地进行推销，提高寻找潜在客户的命中率，还必须对合格的潜在客户进行分类。

客户分类标准有两种：

1. 以购买概率分

以购买概率作为标准进行分类时，最有希望购买者为A类客户；可能购买者为B类客户；购买希望不大者为C类客户。

2. 以购买数量分

以购买数量为标准进行分类时，购买量较大者为A类客户；购买量一般者为B类客户；购买量较小者为C类客户。

A类客户应为销售人员的重点客户目标和公关对象，成功率高，成交量大；B类客户次之；C类则再次之。

【实战训练】

区域物流企业寻找潜在物流客户方法研讨

训练目标：根据所学寻找潜在物流客户的具体方法，能对某区域内的某一物流企业的物流产品或服务研讨其寻找潜在客户的具体方法。

训练内容与要求：

(1) 每一项目小组根据实战训练2－4选择的具体物流企业对其物流产品进行分析，列出潜在物流客户的特征，并制定寻找潜在物流客户的具体方法；

(2) 各小组派出一名代表讲解寻找潜在物流客户的方法及理由；

(3) 老师进行讲评。

【重点回顾】

(1) 物流客户开发的原则；

(2) 物流客户开发的流程；

(3) 了解自己和产品；

(4) 了解物流客户的消费特征；

(5) 寻找潜在物流客户的原则；

(6) 寻找潜在物流客户的方法；

(7) 识别谁才是你真正的物流客户。

任务七 接近物流客户

【任务描述】

- 掌握接近物流客户需要做好哪些准备工作；
- 能利用接近物流客户的具体方法有效接近物流客户。

【案例呈现】

张经理：你是否发现我们的控制器使你在一年中节省了25%的能源？

赵经理：你是否在昨天的报纸上看到一家独立的调研公司断言，有越来越多的消费者更喜欢我们公司的物流服务而非其他公司？

黄经理：你是否知道通过我们的服务，你们公司可以比其他公司更快地将产品从利物浦航运到伦敦？

【案例研讨】

请分析以上对话的效果，讨论如何接近物流客户。

【任务实施】

7.1 接近物流客户的准备

为更好地达成接近物流客户的目的，在接近潜在物流客户前需要进行一系列的准备活动，即接近准备。客户接近准备阶段实际上是客户资格审查的延续，其主要目的是为销售访问和面谈做好准备。

7.1.1 心理准备

1. 树立信心

销售人员在接近潜在物流客户前，最容易出现的问题就是信心不足，其实这也是一种心理素质的问题，销售人员必须做好各种心理准备。因为销售总伴随着拒绝，在接近阶段可能会遇到各种困难，但销售人员必须克服畏难情绪和逃避心理，敢于正视客户的拒绝，时刻保持一种高昂的精神状态，沉着冷静地去排除接近过程中遇到的种种障碍。

2. 减轻客户的压力

多年的销售实践表明，当销售人员接近客户时，客户一般会产生购买压力，具体表现为：冷漠或拒绝；故意岔开话题，有意或无意地干扰和破坏销售洽谈。因此，销售人员要成功地接近客户，就必须想方设法地减轻客户的心理压力。

3. 准备不同的接近潜在客户的方法

销售人员必须以不同的方式接近不同的客户群体。客户是千差万别的，销售人员应学会适应客户。在实际接近时，销售人员可以用“角色扮演法”，即根据不同的客户来改变自己的语言风格、服装仪表、情绪和心理状态等。

7.1.2　客户资料的准备

潜在物流客户的种类很多，主要分为个体型物流客户、组织型物流客户和老客户。销售员在接近不同类型的潜在物流客户时，需要依据其类型进行不同的准备，如表7-1所示。

表7-1　接近物流客户前的客户资料准备

客户类型	准备内容
个体型物流客户	（1）一般内容。姓名、年龄、性别、民族、出生地、教育程度、职业、职务、信仰、居住地、电话、相貌特征等。 （2）家庭及成员情况。家庭成员构成、价值观念、消遣方式、兴趣爱好、社交范围及特点等。 （3）需求内容。购买动机、需求的指向和特点、购买能力、购买决策、购买行为等
组织型物流客户	（1）基本情况。包括机构名称、品牌商标、营业地点、所有制性质、注册资本、员工人数等。 （2）生产经营情况。即产品品种、产量、产品结构情况；产品主要销售地点及市场反应；市场占有率及销售增长率；管理风格与水平；发展、竞争与定价策略、诚信度等。 （3）购买行为情况。购买对象的选择、购买途径、购买周期、购买批量、结算方式；由哪些部门提出需求或提出购买申请；由哪个部门与机构对需求进行核准；由哪个部门与机构对需求及购买进行决策及选择供应方；供求双方的关系及其发展前景如何等。 （4）组织情况。了解组织型物流客户的近远期目标、规章制度和办事程序；组织结构和人事状况、人际关系以及关键人物的职权范围与工作作风，在购买行为与决策中起关键作用的部门和人物的有关情况等。 （5）其他情况。如购买决策的影响因素是什么？维持原来的购买对象与可能改变的原因是什么？目前竞争对手给客户的优惠条件是什么？客户的满意程度如何？等等
老客户	因为销售人员对原来的客户已经有一定程度的了解，现在的准备工作主要是对原有资料进行补充、修订和调整。 （1）基本情况。在见面之前对老客户的资料进行温习与准备。通过温习，在与老客户见面时可以从这些内容入手进行寒暄，这样会使客户感到很亲切。 （2）变动情况。对客户原有各项资料逐一审查，并加以核对，了解原有资料是否有变动。 （3）信息反馈情况。销售人员再次拜访老客户之前，应该先了解老客户（无论是个体型物流客户还是组织型物流客户）上一次成交后的信息反馈情况，包括供货时间、产品价格、产品质量、使用效果和售后服务等情况

7.1.3 个人素质的准备

销售实际上是一种社交活动，注重个人素质是销售人员应具备的基本要求。销售人员的个人素质准备的具体内容参见表7－2。

表7－2 销售人员个人素质准备的内容

准备要素	具体内容
仪表	男士以“洁”为原则，女士以“雅”为原则。 男士： 西装：深色，如果有经济能力最好选择高档的西装。 衬衣：一色，白色、浅色，注重衣领、袖口的清洁，并要熨烫平整，最好每天更换。 领带：以素色为主，不要太暗或太花，注意与衬衣和西装的搭配。 长裤：选用与上衣色彩质地相衬的布料，裤长以盖住鞋面为准。 皮鞋：黑色或深色，注意和衣服的搭配，要把鞋面擦亮，底边要清理干净。 短袜：黑色或深色，不要露出里裤。 身体：无异味，可适当选用男士香水，但切忌香水味过于浓烈。 头发：梳理整齐，不要有头皮屑。 眼睛：保持眼部的清洁 嘴：不要有烟味、异味和口臭。 胡子：最好不要留胡子，把胡须清理干净。 手：不留长指甲，指甲无污泥，手心清爽干净。 女士： 头发：干净整洁，不留怪发型，无头皮屑。 眼睛：不要有渗出的眼线、睫毛液。 服装：西装套裙或套装，色泽以素色为宜。不可穿过于男性化或过于女性化的服装，款式简洁大方。 鞋子：黑色有跟鞋，保持鞋面的光洁和鞋面的干净。 袜子：高筒或连裤丝袜，色泽以肉色为最好。 首饰：不可太过于醒目，最好不要佩戴三件以上的首饰。 身体：不可有异味，选择高品位的香水。 化妆：一定要化妆，否则会被认为是对客户的不尊重，不可浓妆艳抹，以淡妆为好
言谈	语言是销售人员说服顾客的主要手段，无论是介绍产品还是解答顾客的疑问，都需要有很好的语言技巧。 (1) 发音准确，注意语音、语调、语速及停顿等语言基本功。 (2) 条理清楚、逻辑性强，不能自相矛盾，谈话有理有据，不能强词夺理。 (3) 交谈富有热情、充满活力，使人感觉到亲切并愿意与之交流。 (4) 注意语言的规范化，尽量避免使用俚语或其他不规范的语言。 (5) 尊重对方，不随意讽刺、挖苦人，不与顾客争辩，也不要与顾客开粗俗的玩笑。

续上表

准备要素	具体内容
	注意：话并非是越多越好，顾客对那些油腔滑调的销售人员其实是很反感的，销售人员只要能够清楚地表达自己的意思就足够了，重要的是言谈的技巧而不是数量
举止	举止指非语言符号，包括面部表情、手势、站姿、坐姿和走姿等。 （1）微笑。微笑应真诚、自然和亲切。 （2）手势。谈话过程中可以适时运用恰当的手势，但手势的幅度不宜过大，频率不宜过快，不要过于夸张，要清晰、简单，注意克服一些不文雅的手势，如搔头皮等。 （3）坐、站、行。女性站立时，双脚应呈“V”字形，男性站立时，双脚要微微叉开，脚与肩同宽。避免双腿交叉站立。行走时，步履要稳健、不要摇头晃脑、左顾右盼。坐姿要端正，注意入座的方法和座次的安排
能力	（1）交际能力。要能和客户进行良好的沟通。 （2）合作能力。具有合作精神，善于合作。 （3）营销能力。善于利用相互接触、相互交往的机会向客户销售产品或服务。 （4）观察能力和自我调节能力。善于观察顾客的一举一动，并能依照实际情况调整自己的服务方法和营销方式

7.1.4　其他材料准备

除做好以上各项准备工作外，所有销售人员在进行客户接近时都必须准备好名片、身份证、老客户引荐信、权威机构的证言、报刊杂志的报道、进行产品演示的辅助用具、用于记事用的本子和笔等。

7.2　约见物流客户

完成接近准备工作后，可以开始接近客户。为了成功地接近客户，销售人员一般要事先与客户预约。成功地约见客户，有利于销售人员自然、顺利地接触客户，避免突然拜访的盲目性。

7.2.1　约见物流客户前的准备

销售人员在约见具体的物流客户之前，也要进行充分的准备，结合前期准备的客户资料，考虑可能会出现的各种问题，并想好解决问题的办法，这对销售工作的顺利进行至关重要。

1. 深入分析顾客的有关资料，做到知己知彼

一般来说，销售人员要了解并分析客户所在行业的状况和使用产品或服务的状况，以及其所经营区域的市场潜力（市场饱和度、区域内客户规模的大小及数量、区域内的竞争者强弱及市场份额的比例、区域内适合销售该产品或服务的行业的多少等）。只有在充

分了解这几个方面的情况下，才能制定出科学的销售策略（如决定客户的拜访顺序和拜访频率、对不同行业客户的接触方法、对竞争产品的应对策略等）和合理的销售计划，对区域内的潜在客户做有效的拜访。

2. 关注所要拜访的客户的需求

在做销售访问前，销售人员应站在对方的角度向自己多问问与销售有关的问题，设身处地地为顾客着想，这是约见客户前准备工作的重点。

3. 找出买卖双方的共同点

销售人员在安排洽谈时间、拟定销售要点、制定业务洽谈计划时，都要以买卖双方的共同点为前提，否则将一事无成。

4. 对洽谈所要达到的目标进行分析，要求具有层次性

销售人员确定洽谈所要达成的目标时，既要有主要目标，也要有次要目标；既要考虑目标的科学性，又要使目标具有一定的弹性，留有余地。当主要目标不能被顾客接受时，切莫形成僵局，而是要当机立断，做出某些妥协和让步，并推出次要目标。这样一定程度上可以防止销售人员在达不到主要目标的情况下放弃销售机会。

5. 对潜在顾客进行再识别

在约见顾客前，销售人员应对潜在顾客进行再识别，只有重点对购买欲望、购买能力和购买决策同时具备的人发动攻势，才能收到预期的效果。

7.2.2　约见物流客户

约见物流客户主要包括确定约见对象、明确约见目的、安排约见时间和选择约见地点四个方面。

1. 确定约见对象

要进行业务访问，首先要确定访问对象。约见对象指的是对购买行为具有决策权或对购买活动具有重大影响的人。

确定约见对象时应注意：

（1）应尽量设法直接约见客户的购买决策人，或者是对购买决策具有重要影响的人物，避免浪费时间在无权与无关的人身上。

（2）应尊重助理、秘书、办公室主任、部门经理等相关人员，为能顺利地约见主要人物，销售人员应尊重有关的接待人员。这些人虽然没有最终购买决定权，但他们接近决策层，对决策者的决策活动有很大的影响。销售人员应在言行中把他们当作与决策者同等重要的人，从而取得他们的合作与支持。

2. 明确约见目的

任何人都不会接受没有理由的约见，特别是陌生人，所以销售人员在约见访问对象时，必须告诉对方访问的原因和需要商谈的事项。表7-3是一些常见的约见事由。

表7-3　常见的约见事由

约见事由	约见要点
销售产品	为销售产品而约见客户时，销售人员应设法引起客户的注意和兴趣，着重说明所销售产品的用途、性能和特点等。若客户的确需要销售的产品，自然会接受销售员的上门来访，并给予合作。若客户确实不需要，销售人员也最好不要强求
市场调查	以进行市场调查为事由的约见，由于不需要客户购买商品，往往容易被客户接受，容易赢得客户的信任、合作与支持，这样既有利于搜集市场情报和信息，为进一步销售做好准备，又可避免强行销售，往往还能由市场调查转变为正式销售，甚至当面成交
提供服务	把提供服务作为约见客户的理由，往往比较受客户的欢迎。通过这种方式既可以完成销售任务，又可扩大企业影响，树立企业及其销售人员的良好形象，为今后的销售工作铺路搭桥
签订合同	如各方面条件具备，可以把某次约见的目的确定为正式签订合同。以此为目的的约见，一定不要显得过于急切，要尊重客户的时间。因为签订合同不仅意味一次交易的结束，而且意味着下一次交易的良好开端，必须予以高度重视
收取货款	收取货款是销售过程中的重要环节。没有收回货款的销售是不完整的销售，无法收回货款的销售是失败的销售。收取货款作为访问事由，对方不好推托，但销售人员也应该体谅对方的困难，既要防止出现呆账，又不要过于逼账
联络感情	如逢客户对象的重大日子或者习俗节日，销售人员可以约见客户，甚至可以约见客户的家属亲朋，借以表达合作愉快、承蒙关照的感谢之意，把增进与客户的情感交流和建立良好的人际关系作为约见的目的
走访用户	对于企业和销售人员来说，除了要不断寻找、发现、发展新客户，不断提高销售业绩外，还要不断巩固与老客户的关系，以保证基本客户队伍的稳定与发展，以建立自己稳定的销售网。这种方式既可以引起客户的好感、增进与客户的感情，又可以使销售人员赢得主动，还可以收集到真实的信息、合理化建议，甚至忠告等，为正式销售奠定良好基础

销售人员可以根据具体情况，创造各种机会约见、接近客户。扩大自身影响，提高企业信誉，树立企业形象，并达到预期的销售目的。

3. 安排约见时间

约见客户的时间安排是否适宜，会影响到约见客户的效率，甚至关系到销售洽谈的成败。

（1）约见时间应根据访问对象的特点确定，尽量替客户着想，最好由客户确定或由客户主动安排时间，避免在客户最忙碌的时间内约见客户。

（2）可以根据不同的拜访目的选择日期与时间。

（3）在见面的具体时间安排时要考虑到交通、地点、路线、天气以及人物活动规律。

（4）如果客户的时间与销售人员的时间安排有冲突，要尽可能的迁就与尊重客户的意图。

（5）讲究信用，确定约见时要考虑到一些意外的情况。当与客户的约定时间敲定以后，销售人员要立即记录下来，并且要严格按照约定时间准时到达，避免迟到或约而不到。

4. 选择约见地点

选择与确定约见地点应坚持方便客户，有利于约见和销售的原则，这样才可能利于交易的达成。约见地点的选择方式一般有以下几种：

（1）办公室。在办公室约见方便双方讨论问题，进行反复商议以达成共识。

（2）居住地点。对于销售生活消费品的销售人员来说，则通常以客户居住地为约见地点，既方便客户，同时又显得亲切、自然。

（3）社交场合和公共场所。社交场合和公共场所如歌舞厅、酒会、座谈会、公园、广场等地方气氛轻松愉快，有利于拉近销售人员与客户的距离。但太嘈杂与来往人太多之地只能作为礼节性拜访、初次认识、联络感情的场所，绝不能作为实质性谈判的地方。

7.2.3 约见物流客户的具体方法

约见不仅要占用客户的时间，甚至会影响客户的工作与生活。因此，销售人员要达到约见目的必须讲究约见方法。表7-4列出了几种常用的约见方法。

表7-4 约见物流客户的方法

约见方法	实施要点
当面约见	这是一种简便易行也极为常见的约见方法。当面约见是指销售人员与客户面对面约定见面的时间、地点、方式等事宜。销售人员可以利用与客户会面的各种机会进行面约，如在展销会或订货会上、在社交场所或在其他见面的场合与客户不期而遇，销售人员都可以借此机会进行面约
电话约见	电话约见即通过电话来约见客户。它的优势在于经济便捷，能在短时间内接触更多的潜在客户，是一种效率极高的约见方式。电话约见的一般步骤包括：问候、自己介绍、表明约见目的、确定约见时间和地点、再一次致谢。在预约客户时，销售人员必须以与客户约定面谈时间和地点为主要目的，这一点是尤其需要注意的
信函约见	信函约见是销售人员利用书信约见客户的一种方法。信函通常包括个人书信、会议通知、社交柬帖、广告函件等，其中采用个人通信的形式约见客户的效果为最好。一般来说书写个人信函要在与对方较熟识的情况下采用，否则，莽撞地给对方寄去个人书信，则有可能产生消极的结果。如碰到并不熟悉的客户，寄去柬帖、会议通知、参观券或广告函则是比较理想的方式
委托约见	委托约见是指销售人员委托他人约见客户的一种方法。受托人一般都是与预约对象有一定社会关系或社会交往的人，与预约对象关系密切的人或对预约对象有较大影响的人士是最为合适的受托人
广告约见	广告约见是指销售人员利用各种广告媒体约见客户的方式。现代广告媒体主要有广播、电视、报纸、杂志、路牌、直接邮寄等。利用广告进行约见可以把约见的目的、对象、内容、要求、时间、地点等准确地告诉广告受众。广告约见比较适用于约见客户较多或约见对象不太具体、明确，或者约见对象姓名、地址不详，在短期内无法找到等情况

续上表

约见方法	实 施 要 点
网络约见	网络约见是销售人员通过互联网与客户约见的一种方法。互联网（Internet）的迅速发展为现代销售提供了快捷的沟通工具，不仅为网上销售提供了便利，而且为网上购物、商谈、联络情感提供了可能，尤其是电子信箱（E-mail）的普遍使用，加快了网上约见与洽谈的进程

7.3　接近物流客户

接近物流客户的方法很多，最常见的接近方法有介绍接近法、利益接近法、好奇接近法、表演接近法、提问接近法、请教接近法、赞美接近法、馈赠接近法、搭讪接近法。

1. 介绍接近法

介绍接近法是指销售人员通过自我介绍或他人介绍接近客户的方法，如表 7－5 所示。介绍的形式可以是口头介绍、电话推荐或者书面介绍。

表 7－5　自我介绍和他人介绍接近法

介绍接近法	实 施 要 点	举 例
自我介绍法	是最常见的一种接近客户的方法。自我介绍接近法通常的结构是： （1）称呼和问好。 （2）介绍自己的名字和所在企业。 （3）展示身份。 （4）阐明拜访的目的和理由，并提出拜访的请求，等等。 这时候销售人员还应主动出示名片、身份证、工作证等以消除客户心中的疑虑。与客户交换名片可以弥补口头介绍的不足，并且便于日后联系。出于礼节，对方回赠名片，由此又获得客户本人及企业的一些资料和信息，为今后进一步联系提供了机会	例如：“××，你好。我是××，是××公司的销售代表，这是我的名片，请过目。我今天来是想了解一下贵公司物流信息化建设方面的问题，占用您几分钟的时间，您看行吗？”
他人介绍法	销售人员利用引荐人，通过打电话，写信函字条，或当面介绍的方式接近客户。 在销售人员与所拜访客户不熟悉的情况下，托人介绍是一种行之有效的接近方法，这种方式往往使客户碍于人情面子而不得不接见销售人员。一般来说介绍人与客户之间的关系越密切，介绍的作用就越大，销售人员也就越容易达到接近的目的	例如：“王总，好久没见，气色越来越好了，还去打高尔夫吗？下回记得叫上我，哈哈。听说你们公司近来又开了一家分店，生意很红火啊。我给你介绍一位朋友，可能对你物流配送有帮助。这位是大华物流公司的业务经理张力，他想和你谈谈关于配送的事情，你现在有空吗？”

2. 利益接近法

利益接近法是指销售人员通过简要说明物流产品或服务能为客户带来的利益，以此吸引客户的注意和兴趣，满足客户的需要，从而达到正式接近客户目的的一种方法。

使用这种方法接近客户时是告诉客户购买产品或服务能给客户带来什么好处，比如经济、实用、功能等等。

利益接近法的主要方式是直接陈述或提问，告诉客户购买商品本身的实惠。语言不一定要有惊人之处，但必须引起客户对商品利益的注意和兴趣。

例如：

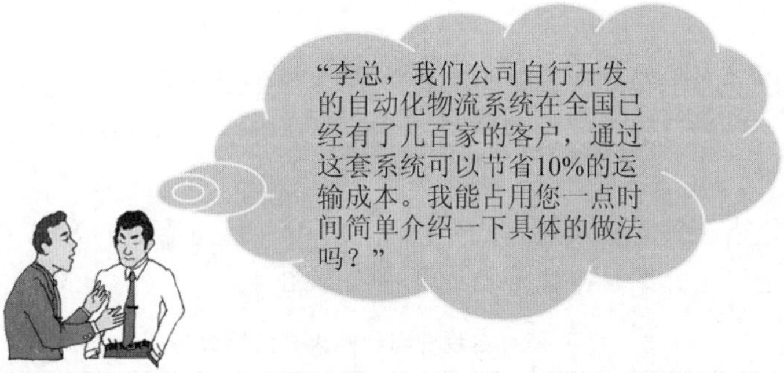

3. 好奇接近法

好奇接近法是指利用客户的好奇心理达到接近客户之目的的方法。好奇心理是人们的一种原始驱动力，在此动力的驱使下，促使人类去探索未知的事物。

好奇接近法正是利用客户的好奇心理，引起客户的注意和兴趣，从而点明销售的产品或服务的利益，以顺利进入洽谈。好奇接近法需要的就是销售人员发挥创造性的灵感，制造好奇的问题与事情。

采用好奇接近法，应该注意下列问题：

（1）引起客户好奇的方式都应该与物流业务活动有关。

（2）在认真研究客户的心理特征的基础上，真正做到出奇制胜。

（3）引起客户好奇的手段必须合情合理，奇妙而不荒诞。

例如：

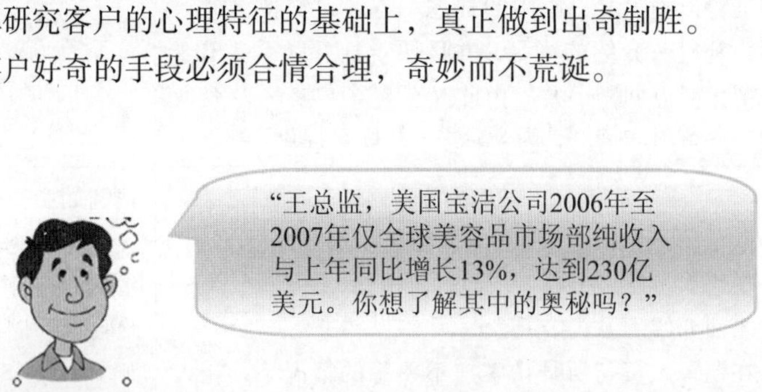

4. 表演接近法

表演接近法也叫马戏接近法、戏剧化接近法，是指销售人员利用各种戏剧性的表演方法引起客户注意和兴趣，进而转入洽谈的接近方法。表演接近法既有科学性又有艺术性，能迎合客户求新求奇的心理，唤起人们的思想感情，是一种善于引起别人注意和兴趣的技能。戏剧化接近法在应用时应注意：

（1）表演一定要有戏剧效果，要能够引起客户的兴趣和注意。

（2）表演应该自然，充满活力，打动客户的心灵。

（3）尽量使客户卷入戏剧中，使其身临其境。

（4）使用的道具最好与所销售的商品有关，使表演与销售浑然一体。

例如：一位物流销售人员在一位目标客户经常往返的大路边的广告牌上写下了这样的几个大字："黄伟先生，您每天都在损失5 000美元，就是因为您没有接见我。"

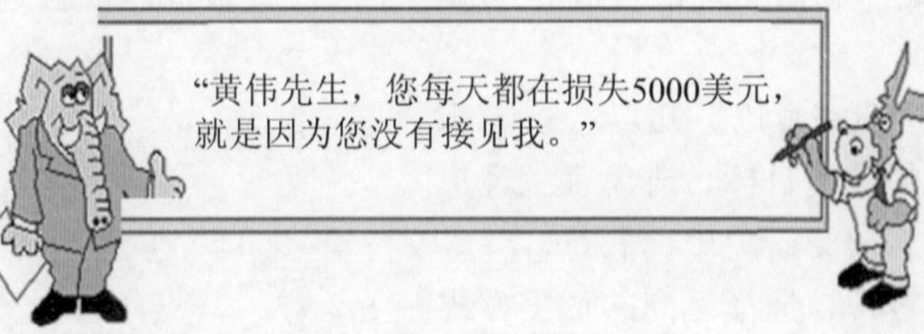

5. 提问接近法

提问接近法也叫问答式接近法或讨论接近法，是指销售人员通过直接提问来引起客户注意和兴趣进而转入面谈的方法。提问接近法通过这种一问一答的形式，有利于拉近客户与销售人员的距离，消除戒备心理。尤其适合在第一次约见陌生客户的时候使用。

销售人员在提问与讨论中应注意以下几点：

（1）提出的问题应表述明确，避免使用含糊不清或模棱两可的问句，以免客户听起来费解或误解。例如："你愿意节省一点成本吗？"这个问题就不够明确，只是说明"节省成本"，究竟节省什么成本？节省多少成本？多长时间？都没有加以说明，很难引起客户的注意和兴趣。而"您希望明年在运输方面节省7万元的成本吗？"这个问题就比较明白确切，容易达到接近客户的目的。

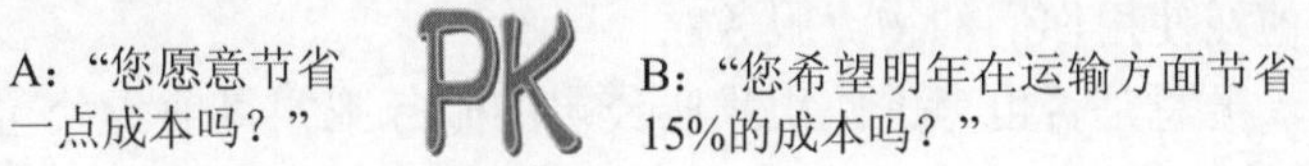

（2）提出的问题应突出重点，扣人心弦。例如："当您购买××物流产品或服务时，什么特性或利益是您最先考虑的？"

（3）所提的问题应全面考虑，迂回出击，不可完全出言不讳，避免出语伤人。例如："上次在桂林参加的一个供应链研讨会，我聆听了您的发言，您提到的贵公司的供应链解决方案很有创新性，但我也有一点自己的看法，请问您有空一起探讨一下吗？"

6. 请教接近法

许多的人好为人师，请教接近法就是利用向客户请教问题的机会来接近客户，进而转入洽谈的接近方法。应用这个方法时，要注意：赞美在先，求教在后；求教在前，销售在后；虚心诚恳，洗耳恭听。

例如：小黄了解到韦老板从白手起家发展到现在达千万的资产。在一次见面的时候，趁韦老板高兴便提出了这样的问题：

"韦老板，您公司这么多的车辆不知道是怎么管理的？"

韦老板便滔滔不绝地介绍了物流的方方面面，小王恭敬地倾听，并不断的附和引导。

最后，得到了订单。

7. 赞美接近法

每个人的天性都是喜欢别人赞美的，赞美接近法是指利用客户的虚荣心来引起客户的注意和兴趣，进而转入正式洽谈的接近方法。赞美接近法的实质是销售员利用人们希望赞美自己的心理来达到接近客户的目的。喜欢听好话是人的共性，用这种方法接近客户，有时会收到意想不到的效果。让人产生优越感最有效的方法是对于他自傲的事情加以赞美。客户的优越感被满足，初次见面的警戒心也自然消失了，彼此距离拉近，能让双方的好感向前迈进一大步。

使用赞美接近法应注意以下几点：

（1）选择适当的赞美目标，避免冒犯客户。

（2）真诚赞美客户，避免虚情假意。

（3）针对不同客户，选择不同的赞美方式。

例如：

李明："吴总，您好。我是大华物流公司销售经理李明，谢谢您在百忙中抽出时间接待我。我上班时经常路过贵公司，看到贵公司一直生意都是那么好，实在不简单。"

客户："您过奖了，生意并不是那么好。"

李明："贵公司对客户的态度非常的亲切，吴总对贵公司员工的培训，一定非常用心。我也常常到别家公司，但像贵公司服务态度这么好的实在是少数。对面的张总，对您的经营管理也相当钦佩。"

客户："是吗？张总经营的公司业绩也很好，事实上他是我一直学习的对象。"

李明："吴总果然不同凡响，张总也是以您为模仿的对象。不瞒您说，张总昨天刚和我公司续签了物流服务的合同，非常高兴，才提及吴总的事情。因此，今天我才来打扰您！"

客户："喔！他在使用你们的物流服务？"

李明："是的。吴总是否也考虑使用我们公司的服务呢？目前贵公司的物流状况已经很不错，如果能够使用我们公司的服务更能降低成本、提高效率，您的客户一定会更满意贵公司的售后服务，贵公司的生意就一定会更好。请吴总一定要考虑这样的物流供应商……"

8. 馈赠接近法

馈赠接近法是指销售人员利用赠送物品来接近物流客户，借以达到接近物流客户的目的。在某些情况下，销售员可以用一些小礼品来"收买"客户，以换取他们短时间的注意力。现实生活中，我们的销售员就经常发放一些特制的广告品，比如记事簿、签字笔、打火机、广告伞等。小赠品的价值不高，却能发挥很大的效力，不管拿到赠品的客户喜欢与否，相信每个人受到别人尊重时，内心的好感必然会油然而生。

应用馈赠接近法需要注意的是：

（1）慎重选择馈赠物品，投其所好。

（2）馈赠礼品只是接近客户的媒介，是双方初步认识、增进感情的手段，而不是目的。

（3）赠送的小礼物不需要过于昂贵，不可借馈赠之名进行贿赂或变相贿赂。

(4) 赠送的礼品尽量与所销售的产品有某种联系，尽量与企业的整体形象和谐一致。

例如："郑主管，我给您带来了我们公司制作的一本商务记事本，上面印有我们公司主要的物流产品和服务，还有全国各大物流公司的电话号码和联系地址、国际长途区号、地铁交通图等，很方便您使用。"

9. 搭讪接近法

搭讪接近法也称聊天接近法、闲谈接近法，是指销售人员利用聊天的机会来接近客户的一种方法。在现实生活中，随着休闲时间的增加，到处都可以看到凑到一起闲聊的人群，或谈论天下大事，或议论个人小节，或讲古代传奇，或说今日新闻等等。销售人员应该成为一个高明的聊天爱好者，打进聊天接近圈，以聊天的方式去接近那些高谈阔论的客户。在一定环境下聊天接近法可以消除接近障碍，减轻客户的心理负担，有助于销售人员接近某些难以正面接近的客户。

搭讪接近法注意事项：

(1) 选择适当的话题，围绕着销售重点聊天。

(2) 积极引导，让客户发言。

(3) 轻松自然，不与客户争吵。

(4) 控制时间，迅速接近客户。

(5) 活跃聊天气氛，缩短接近距离。

【实战训练】

接近物流客户方法设计并演示

训练目标：试以销售某一件具体产品为例，使用5种以上接近客户的方法接近客户，并进行现场演示，熟练掌握接近物流客户的具体方法。

训练内容与要求：

(1) 老师给出某一具体产品，每一项目小组根据所学接近物流客户的具体方法，讨论并设计5种接近客户的具体方法，在班级内进行演示；

(2) 教师及其他小组成员观察并点评；

(3) 各小组根据点评完善具体方法。

【重点回顾】

(1) 接近物流客户的准备；

(2) 约见物流客户前的准备；

(3) 约见物流客户；

(4) 常见的约见事由；

(5) 约见物流客户的具体方法；

(6) 接近物流客户的具体方法。

任务八 处理物流客户异议

【任务描述】

- 了解物流客户异议的类型及其产生的根源；
- 掌握处理物流客户异议的方法与技巧；
- 掌握处理物流客户异议的5步法；
- 掌握处理物流客户异议时应注意的事项；
- 会灵活运用处理物流客户异议时的常见应答语。

【案例呈现】

K物流公司市场开发人员胡斌打电话与客户商谈业务。

胡斌：早上好！请找一下王处长。

接线员：哪个王处长？是王文京还是王勇？

胡斌：请问哪一位负责办公室采购？

接线员：王勇，我给你转过去。

胡斌：谢谢！

胡斌：是王处长吗？我是迅达公司的胡斌，我能和您约个时间见面吗？

王处长：有什么事吗？

胡斌：您一定听说过迅达公司吧？我们为客户提供全国范围的快递服务，确保24小时内迅速到达。

王处长：飞马公司一直在与我们合作，处理这类事务。

胡斌：我们更能保证最低的价格。

王处长：你们的价格是多少？

胡斌：每公斤6元。

王处长：飞马公司的价格比你们还便宜。

胡斌：真的吗？我们还能保证最快到货。

王处长：可能是吧！不过我们今年不打算做什么改动，你明年再来电话吧！再见！

【案例研讨】

1. 胡斌此次与客户商谈业务是否成功？为什么？
2. 客户王处长主要存在哪些异议？这些异议是客观真实的吗？
3. 假如你是胡斌，你将如何做？

【任务实施】

在客户开发的过程中，客户每时每刻都会提出异议，如果你清楚客户为什么会提出异议，提出的异议是真实的还是虚假的，掌握一些处理客户异议的技巧和方法，那你就能在客户的异议声中冷静、坦然地化解客户的异议。只有化解客户的异议，才能消除你与客户之间存在的障碍，你离客户才更近一步，离成功也更近一步。

8.1 认识物流客户异议

8.1.1 何谓物流客户异议

物流客户异议是物流市场开发人员在进行物流业务或服务项目销售的过程中，客户对其产生的不赞同、提出的质疑或拒绝。

比如：当你介绍新的物流技术给客户时，客户却说目前公司还用不上，或说你的价格太高；当你提供货物跟踪查询服务给客户时，客户却说查询系统很麻烦；当你拜访客户时，客户却说希望与原来的销售人员谈，等等。这些都是客户异议。

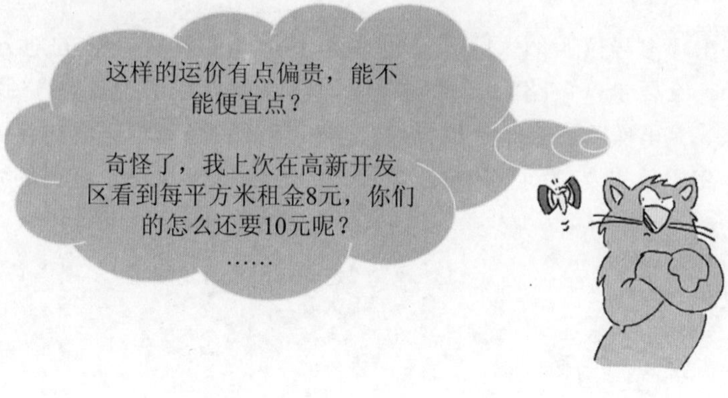

8.1.2 物流客户异议带来的正面信息

物流市场开发人员在推介物流业务时，客户提出各种各样的异议是很正常的。客户提出异议说明客户对你推介的业务产生了兴趣，提出异议表明客户还有意与你沟通，否则客户断然一句“不需要”就掉头走人了。正确认识物流客户异议带给我们的正面信息，有助于我们正确处理客户的异议。

1. 客户异议表明客户对推介产品或服务产生了兴趣

一般来说，客户对你的产品或服务越挑剔，证明他对你推介的产品或服务的关注度越高，只是还存在一些疑虑。只有当客户对你推介的产品或服务不感兴趣或没有购买意向时，才不会提出异议。因此，当客户提出异议时，市场开发人员要因势利导，消除客户的疑虑，将兴趣转化成购买的动力。

2. 客户异议是成交的障碍，也是成交的信号

客户提出的异议，如果得不到及时、有效的解决，这些异议就会成为成交的障碍。但

正所谓“嫌货才是买货人”，对产品挑剔的客户往往是有心购买的客户，只是可能由于他的某一方面的需求没有得到满足，才会提出诸多异议，当市场开发人员正确分析并了解客户异议的根源，给出恰当的解决办法化解客户异议之后，客户会考虑成交。

小提示

正确对待和妥善处理各类客户异议是成交的基本前提，准确把握和及时处理某些客户异议，往往能直接促成交易。

3. 通过客户异议有效获取市场信息

客户异议直接反映了推介产品或服务在客户中被接受程度、客户为什么不买、购买的障碍是什么等，因此物流企业可以通过客户异议了解客户的需求是什么，从而适当调整自己的产品或服务策略；了解目前的产品或服务存在哪些问题，制定改进的措施；了解客户对产品或服务的意见与建议，寻求改善的方法或开发新的产品或服务。

8.1.3 辨别真实异议和虚假异议

客户有时提出很多异议，但这些异议也许并不是他们真正在意的地方，比如“车辆从南宁到广州为什么要走这条路?”“你们货物的包装一点也不美观”，“我们不需要你们的物流服务”等等，虽然听起来是一项异议，但可能背后隐藏着其他的异议。因此，当客户提出异议时，我们首先要辨别客户提出的异议是真实的异议还是虚假的异议。

1. 真实异议

客户表达目前没有需要或对你的产品不满意或对你的产品与服务抱有偏见，例如客户说：“朋友告诉我，你的产品经常出现故障!”当客户提出的这些异议客观存在时，市场开发人员必须视情况采取立即处理或延后处理的策略，具体策略见表8－1。

2. 虚假异议

当客户所提出的异议并不是他们真正在意的异议或者只是推托的借口，甚至只是因为没有认识到自己的需求时，这个异议则是虚假的异议。

表 8-1　客户异议处理策略

异议处理策略	异 议 表 现
需要立即处理的异议	客户提出的异议是属于他关心的重要事项； 市场开发人员必须处理后才能继续进行销售的说明； 市场开发人员处理异议后，可以立刻要求订单
需要延后处理的异议	权限以外或不确定的事情，市场开发人员要承认自己无法立刻回答，但要保证会迅速找到答案告诉客户； 客户还没有完全了解产品的特性及利益前，提出价格问题； 客户提出的异议在后面能更清楚地证明； 对客户提出的异议马上做出回答会影响推销顺利进行
需要预先处理的异议	对客户异议已经事先预见，并有预定的处理方案； 销售过程中觉察到客户马上会提出某种异议，而这种异议事关重大
可以不必回答的异议	客户异议只是一些明显的借口、肤浅的见解、明知故问的发难； 客户顺便提及的问题； 异议显得模棱两可、含糊其辞、让人费解； 与购买决定无关的异议； 无法回答的奇谈怪论； 容易造成争论的话题； 可一笑置之的戏言； 异议具有不可辩驳的正确性； 异议显然站不住脚、不攻自破； 异议不是三言两语可以辩解得了的； 异议涉及较深的专业知识，解释不易为客户马上理解

比如客户说："对不起，我不需要这项物流服务。"客户并一定真的不需要物流服务，真正的原因可能是价格、服务质量、物流包装、付款能力等方面存在问题。此时，市场开发人员需要认真分析客户提出虚假异议背后的真正原因是什么，弄清虚假异议隐藏的异议，从而对症下药，说服对方。

8.1.3　对待客户异议的积极态度

只有正确的态度，才能用正确的方法把事情做好。面对客户提出的异议，市场开发人需要持以下积极态度。

（1）异议是宣泄客户内心想法的最好指标，倾听客户的异议，有助于了解客户最真实的想法。

（2）异议经由处理能缩短订单的距离，经由争论会扩大订单的距离。

（3）没有异议的客户才是最难处理的客户。

（4）异议表示你给客户的利益目前仍然不能满足他的需求。

（5）注意聆听客户说的话，区分真实的异议、虚假的异议，判断其隐藏的异议。

（6）不可用夸大不实的话来处理异议，当你不知道客户问题的答案时，坦诚地告诉客户你不知道，同时告诉他，你会尽快找出答案告之对方，并确实做到。

(7) 将异议视为客户希望获得更多的信息。

(8) 异议表示客户仍有求于你。

8.2 物流客户异议的类型及产生的根源

要有效地处理客户提出的异议，弄清客户异议的类型及产生的根源将起到事半功倍的效果。

物流客户异议产生的原因既可能是客户的认知、情感、个性和能力等方面，也可能是物流市场开发人员本身或公司产品或服务的质量、价格、特色等方面。

8.2.1 物流客户异议的类型

物流客户异议主要有来自客户方面的、来自公司产品或服务方面的，还有来自市场开发人员本身的。物流客户异议的主要类型如图8-1所示。

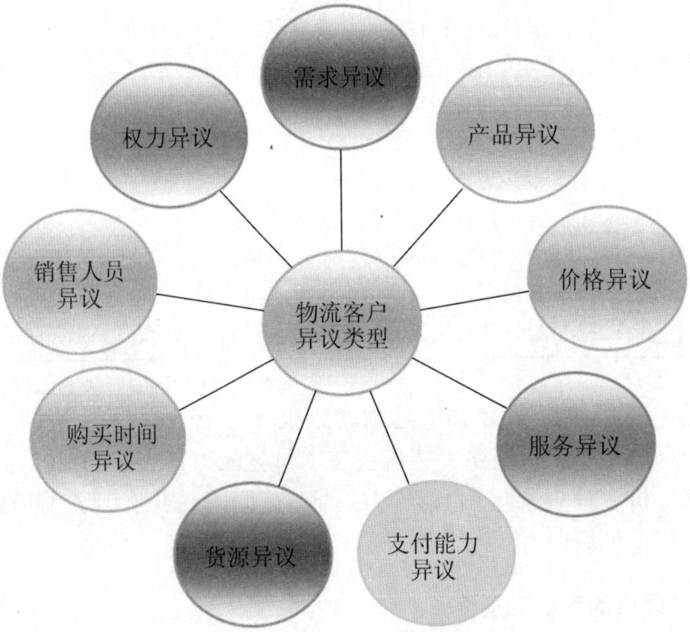

图8-1 物流客户异议的类型

8.2.2 物流客户异议产生的根源

1. 物流需求异议

客户需求异议指客户认为产品或服务不符合自己的需要而提出的反对意见。

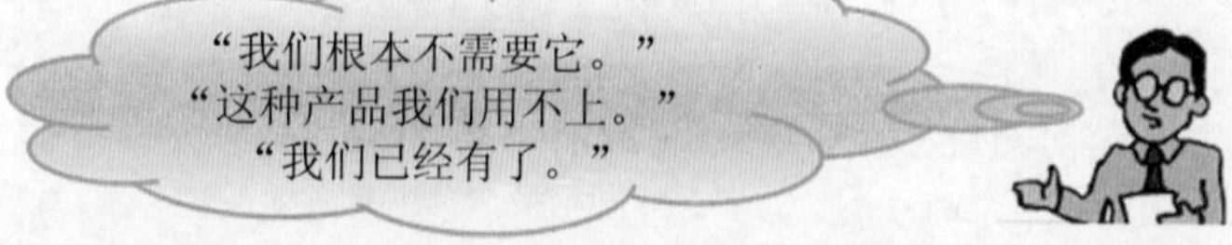

当客户提出需求异议时，存在两种可能：

（1）推介的产品或服务确实不能满足客户需要，或客户确实不需要，或客户已经有了同类产品，或客户不认同你所推介的产品或服务。这时客户的异议就是真实的异议，市场开发人员应立即停止推销，调整推销对象。

（2）客户没有认识自己的物流需求或者只是拒绝的借口。这时客户异议则是虚假的异议，说明客户的需求没有有效地被激发出来，没能引起他的注意和兴趣，市场开发人员应采取强调产品或服务能为客户解决的问题、能为客户带来哪些利益等异议化解技巧来排除障碍。

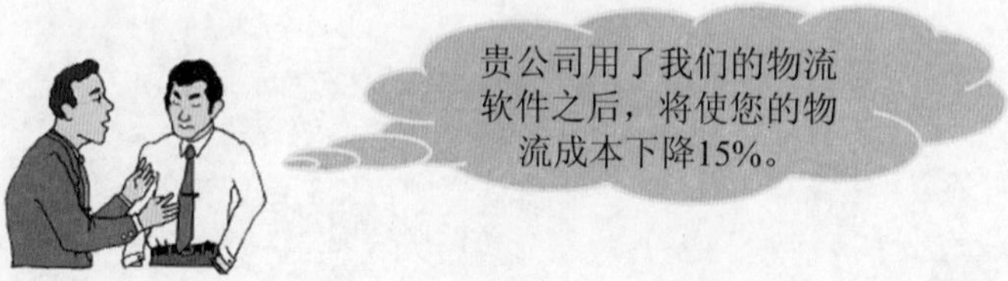

2. 物流产品异议

物流产品异议指客户对推销的物流产品或服务的质量、功能、品种等方面提出的反对意见。比如：“我不喜欢你们的包装”、“你们货物运输的破损率比较高” 等。

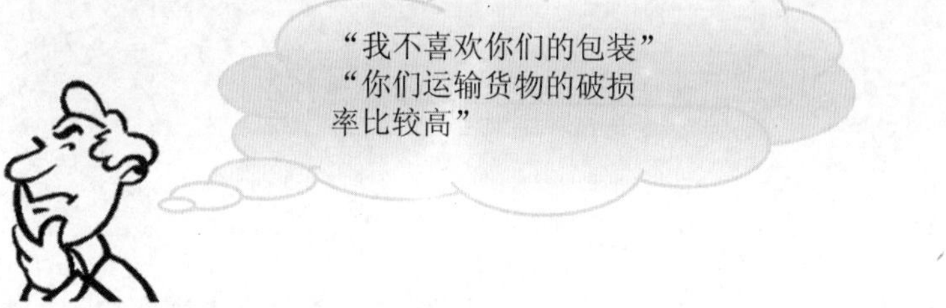

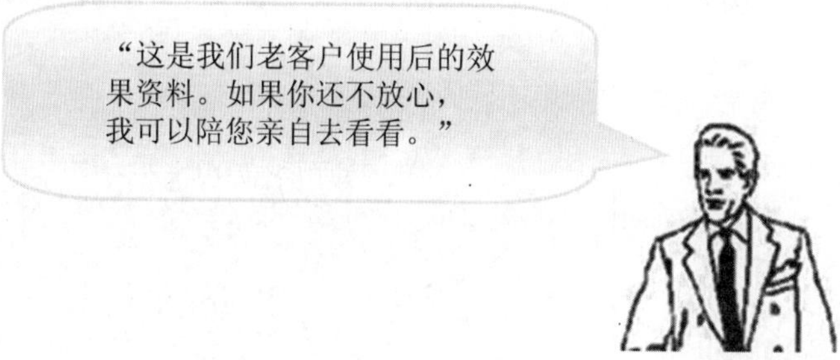

物流产品异议产生的原因很复杂，可能是产品或服务自身客观存在的不足，也可能是客户自身的主观因素如客户的文化素质、知识水平、消费习惯等。这种异议是物流市场开发人员面临的一个重大障碍。基本对策是想办法证明产品或服务的质量，或现场演示，或提供其他客户使用情况的效果资料，或提供相关的质量证书等，以打消客户的疑虑。

3. 价格异议

物流价格异议是指客户认为价格过高或价值不符而提出的反对意见。

价格异议是销售过程中客户开发人员最常碰到的异议，因为价格与客户的切身利益密切相关，客户对产品的价格最为敏感，很多客户认为讨价还价是天经地义的事，即使你的报价很合理，客户仍会抱怨：“你的价格太高了！”

处理价格异议时，客户开发人员要学会将话题的重心放在产品的性能、耐用性、款式的新颖性、带给客户的价值等优点上，或进行价格及产品特性的对比，或将价格进行分解处理。

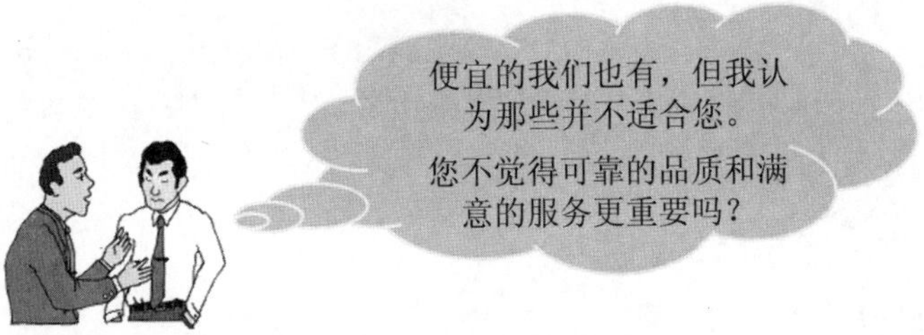

4. 服务异议

客户对公司提供的服务如服务人员的服务水平、服务态度、响应时间等存在的异议。

对于服务异议，市场开发人员最好拿其他客户的评价来证明自己公司的服务质量和服务水平。

5. 支付能力异议

支付能力异议指客户由于自身原因而提出的无力支付的各种反对意见。如："我们公司目前在这方面没有预算"，"今年我们有几个大项目开工，资金有些紧张。"

当客户提出支付能力异议时，客户开发人员要辨别其真假，如果确实是没有支付能力的，应停止推销，但态度要和蔼，避免挫伤客户的自尊心。切忌对客户说："买不起？买不起早说呀！"等之类的话。如果客户只是暂时资金遇到困难，则可结合实际，协助对方解决支付能力问题，如给客户赊销、延期付款、分期付款等。

值得注意的是，当决定给客户提供赊销、延期付款或分期付款时，一定要对客户的信用进行调查，绝不可贸然行事。

6. 货源异议

货源异议指客户对提供物流产品或服务的供应商的来源提出的反对意见。如"我们原来一直在和某某物流公司合作"、"你们这个公司从来没听说过"等。

产生这种异议的原因有很多，可能是对原有合作伙伴的忠诚，也有可能是对推介公司的不信任，还有可能是客户对环境改变本能的抵抗。遇到这样的异议，客户开发人员一定要强调自身的品质、优势及带给对方的好处，切忌贬低竞争对手。

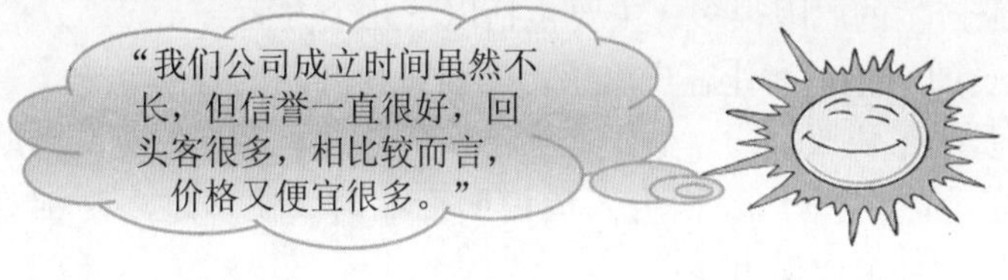

7. 购买时间异议

当客户提出现在不是最佳购买时间或对客户开发人员提出的交货时间提出反对意见时，就构成购买时间异议。

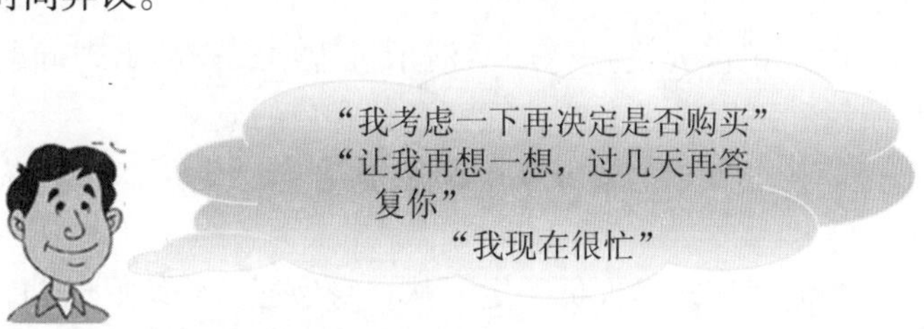

物流客户时间异议产生的原因主要有 2 个：

（1）没有需求，不想购买。许多客户由于不好意思直接拒绝，往往用拖延来代替说"不"。这时分析客户异议则归属于需求异议，则采取需求异议处理办法进行处理。

(2)客户不愿意马上做出决定，还在犹豫。这时说明客户还没有完全下决心购买，可能对产品性能、质量、价格还存在疑虑，或付款能力方面存在问题，甚至是当时情绪不好也会导致客户没有心情进行商谈，从而用没有时间等来推托。这时客户开发人员要认真分析背后的真正原因是什么，从而对症下药。

对于时间异议，如果当时无法进行及时处理，客户开发人员应主动与对方确定下次见面的具体时间。

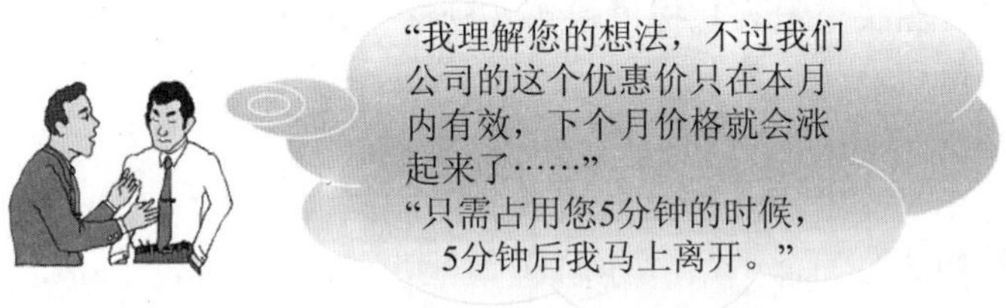

8. 销售人员异议

销售人员异议指物流客户对销售人员个人形象、工作态度、工作方式、方法等提出的各种反对意见。

销售人员异议产生的原因很多，主要包括以下几个方面：

(1)销售人员的举止态度让客户反感，无法赢得客户的好感。

(2)销售人员为了说服客户，做了夸大不实的陈述，客户感觉受到欺骗。

(3)使用过多的专门术语。销售人员说明产品时，使用过多晦涩难懂的专业术语，则会让客户觉得难于理解而提出异议。

(4)引用事实不准确。销售人员引用不正确的事实资料时，会引起客户的异议。

(5)与客户沟通不当。说得太多或听得太少、无法准确理解客户提出的问题等，都会遭到客户的异议。

(6)产品演示失败。销售人员进行产品演示过程中，产品出现问题，销售人员无法及时解决时，产品质量和销售人员专业技能将遭到客户的质疑。

(7)销售姿态过高，处处让客户词穷，则会让客户感觉不愉快，从而提出许多主观的异议。

对于这类异议，物流客户开发人员一定要从自身做起，修练好内功，注意保持良好的仪容仪表，举止得体，不断提高自身素质，以诚待人，给客户留下良好的第一印象，从而顺利开展销售工作。

小提示

作为一名专业的销售人员，你有10～15秒的时间留下第一印象。最初的几秒决定了一切，如果你没有留下好的第一印象，赶紧离开也许会节约大家的时间。

糟糕的首次会面，需要6～8次的额外会面来改变第一印象。第二次见面的机会都很少，更别提以后的7次了。除了细节，还是细节。一个不经意的姿势、一个目光、甚至一个握手的细节都可能会导致失败。

9. 权力异议

权力异议指客户以缺乏购买决策权为理由而提出的反对意见。比如："这事我做不了主"、"我只负责考察，买不买得我们老板说了算。"

当客户开发人员遇到此类客户异议时，首先要辨别其真假。如果客户确实没有决策权，说明销售人员当初没有找准目标顾客，此时需要重新确定决策人作为目标顾客。如果客户异议是虚假的异议，则可能只是推托的借口，或是背后还有其他原因。此时客户开发人员可能通过强调其决策权和在公司里的地位来阻断其推托，或弄清其真正的原因是什么。

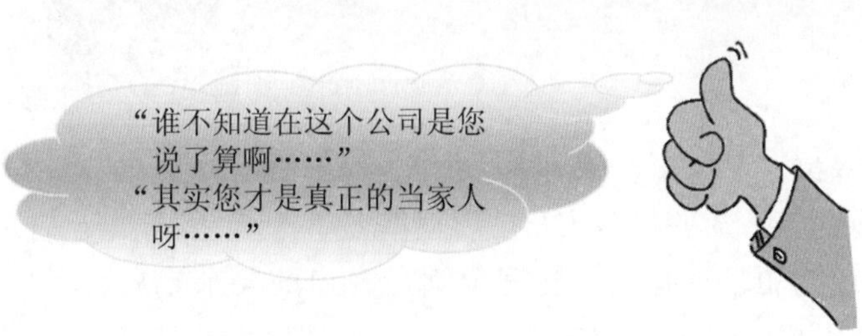

了解客户提出异议的类型和其产生的根源，可以帮助客户开发人员更冷静地判断客户提出异议的真正原因是什么，从而更有效地化解客户异议，促成交易。

8.3　处理物流客户异议的方法与技巧

掌握有效的处理物流客户异议的方法与技巧，将有助销售工作的顺利开展。

8.3.1 处理物流客户异议5步法

1. 倾听顾客的异议

倾听有助于了解客户的真正意图是什么，有利于客户异议的解决，所以客户开发人员要耐心地听完客户的倾诉，如果客户需要讲3分钟，那你就给他5分钟的时间，不要急于做出反应，更不可中途打断对方，否则，会让客户感到你没有认真听他讲、他没有受到尊重，从而也无法理解他的真正意图是什么。另外，倾听时要站在客户的立场去体验客户的情绪，这样更有助于你了解客户的真实感受。

2. 对客户异议表示理解

在对客户的异议做出反应之前，要保证完全理解客户。既包括准确把握客户异议的真实含义，也包括理解客户的感受，同时也要对客户提出意见表示理解与感谢。表示理解时态度要诚恳，充分表达对客户的善意和诚意。

3. 澄清和确定客户异议

客户提出异议后，首先要对其异议进行辨别，可以通过一系列的提问，确定客户的异议真实有效，必要时要对客户的异议根据自己的意思表达一遍，请客户确认自己理解是否正确。

4. 解答客户异议

确定客户异议之后，客户开发人员就要根据客户异议的类型给出合理的解答，无论采取什么样的方法或技巧，只有当解答完全满足客户的要求之后，客户的异议才会完全消除。

5. 促成交易

合理解答客户异议之后，就有可能达成交易，这时，销售人员要适时地提出成交请求，以促成交易的完成。

8.3.2 处理物流客户异议的主要方法

处理物流客户异议的方法和技巧有很多，要根据不同的人、不同的场合和不同的异议类型灵活选择处理方法和技巧。

1. 直接反驳法

当客户提出的异议属于客户自己的无知、误解、成见时，销售人员可以直接告之他们错了。由于直接反驳客户，容易使气氛僵化，使客户产生敌对情绪，因此，这种方法应尽量避免使用，确实需要使用时，要尽量采取委婉的表达，态度和语气一定要谦和，对事不对人，切不可伤害客户的自尊心，更不可和对方争辩，要通过坚定的语气和对业务知识的熟练让客户感受到你的专业与敬业。

当客户对物流产品或服务有误解、怀疑或引用的证明材料不正确时，采用直接反驳法有非常好的效果。

2. 间接否定法

间接否定法即销售人员采用“是的……如果……会……”的句式，在客户提出异议的开始，先用“是的……”附和客户的异议，但后来又委婉地用“如果……会……”对客户的异议表达“不”。

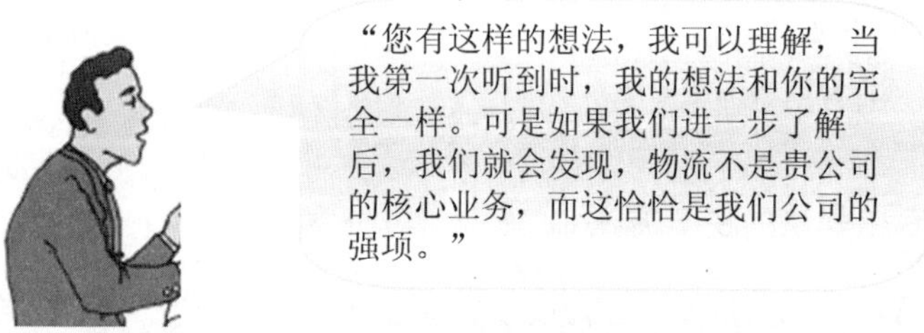

人有一个通性，不管有理没理，当自己的意见被别人直接反驳时，内心总是不痛快，甚至会被激怒，尤其是遭到一位素昧平生的销售人员的正面反驳。

屡次正面反驳客户，会让客户恼羞成怒，就算您说得都对，没有恶意，还是会引起客户的反感。因此，销售人员最好不要开门见山地直接提出反对的意见。在表达不同意见时，尽量利用“是的……如果”的句法，软化不同意见的口语。用“是的”同意客户部分的意见，再用“如果”表达另外一种状况是否会更好。

请比较下面的两种反驳法，感觉是否天壤之别。

A：“您根本没了解我的意见，因为状况是这样的……”

PK

B：“平心而论，在一般状况下，您说的都非常正确，如果状况变成这样……，您看我们是不是应该……”

A:“您的想法不正确，因为……”

PK

B:“您有这样的想法，一点也没错，当我第一次听到时，我的想法和您完全一样，可是如果我们做进一步的了解后……”

“是的……如果”是源自“是的……但是”的句法，因为“但是”的字眼在转折时过于强烈，很容易让客户感觉到你说的“是的”并没有包含多大诚意，你强调的是“但是”后面的诉求。因此，若您使用“但是”时，要多加留意，以免失去了处理客户异议的原意。

3. 弥补法

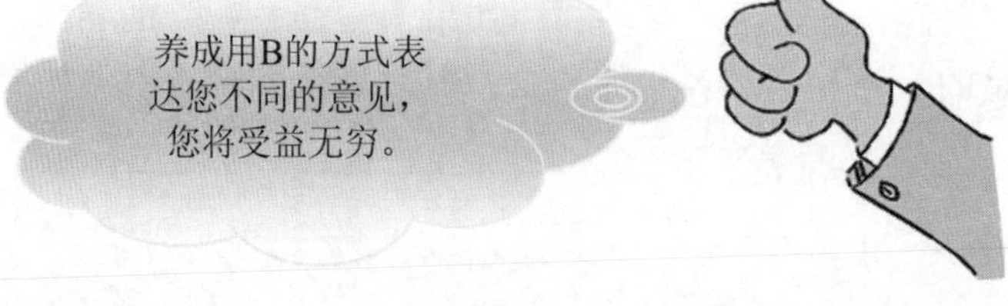

当买主提出的异议部分正确时，销售人员采取“是，但是”的方法，先承认客户的意见是正确的，然后淡化处理，提出一些产品或服务的优点来弥补和抵消这些缺陷，这种方法称为弥补法。使用弥补法时，销售人员提出的弥补因素要让客户确信是非常重要的，

相对弥补因素来讲，客户提出的异议部分是较不重要的。

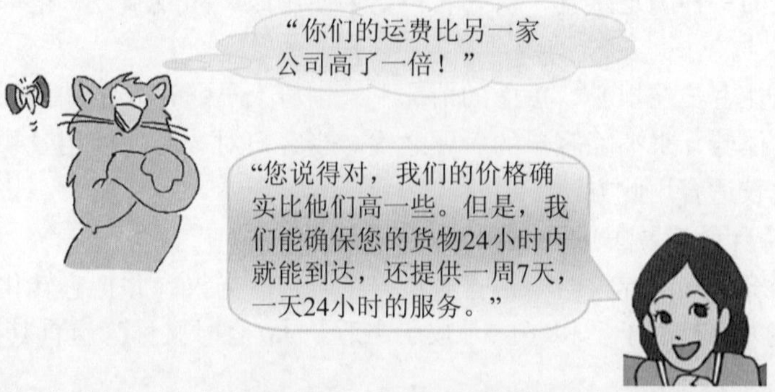

记住：当客户提出的异议有事实依据，但产品或服务有较好的弥补办法时，销售人员切记不要跟客户纠缠，强力否认事实是不明智的举动。但要记得给客户一些补偿，如果一个优点不足弥补，那么就用两个或更多优点进行弥补，让客户取得心理上的平衡。

弥补法运用较广，在其他销售场合运用效果也非常好。

4. 感觉法

感觉法指销售人员通过讲述其他人使用该产品或服务获得了满足的方式来劝导客户，让客户体会别人的一种满足感觉，引导客户如果使用该产品或服务，也一样会有与别人相同的体会。

感觉法旨在让客户在担心、焦虑的情况下，销售人员通过介绍其他同类型顾客在使用或购买后的成功体验，来消除客户的后顾之忧。当客户对产品的使用效果、性价比等有所担忧的时候，比较适合用此方法。

5. 转化法（自食其果法）

转化法指当客户提出异议时，销售人员采纳客户的异议，并把它转化为客户需要购买的原因，借力使力，相当于“以子之矛攻子之盾”，故有时又称为自食其果法。

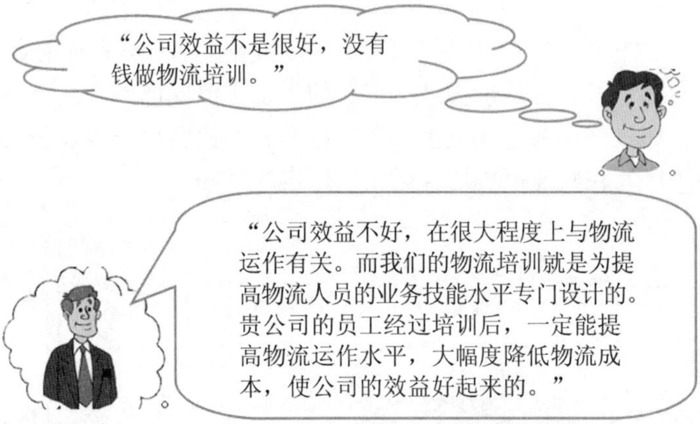

转化处理法由于是利用客户的反对意见本身来处理客户的异议，有时候可能会让客户认为你并没有解决他的异议，处理不慎，容易使客户产生抵触情绪。所以使用转化法时，销售人员不能直接否定客户的异议，而是以诚恳态度，站在客户的角度，为客户着想，为客户提出合理的解决办法。

小提示

主管劝酒，您说不会喝，主管立刻回答说：“就是因为不会喝，才要多喝多练习。”

您想邀请女朋友出去玩，女朋友推托心情不好，不想出去，您可以说：“就是心情不好，所以才需要出去散散心！”

客户：“我的小孩，连学校的课本都没兴趣，怎么可能会看课外读本?”

销售人员：“我们这套读本就是为激发小朋友的学习兴趣而特别编写的。”

转化法处理的异议多半是客户通常并不十分坚持的异议，特别是客户的一些借口。转化法最大的目的，是让销售人员能藉处理异议而迅速地陈述他能带给客户的利益，以引起客户的注意。

6. 忽视法

当物流软件供应商拜访物流公司的老板时，老板一见面就抱怨说：“你们公司的广告为什么不找成龙拍？若是找成龙的话，我保证早就向您推荐其他的客户了。”

碰到诸如此类的反对意见，销售人员不需要详细解释，为什么不找成龙拍广告的理由，因为物流公司老板真正的异议恐怕是别的原因，您要做的只是面带笑容、同意他就好。

所谓“忽视法”，顾名思义，就是客户提出的反对意见与销售毫无关系，容易引起激烈争执或不处理也不影响销售，客户并不是真的想要获得解决或讨论，这时销售人员装作没听见，故意不予理睬或采用幽默的方式带过。

忽视法常用微笑点头表示同意对方的观点和看法，或适当地说一句“您真幽默”“嗯！您真是高见！”等带过对方的异议。

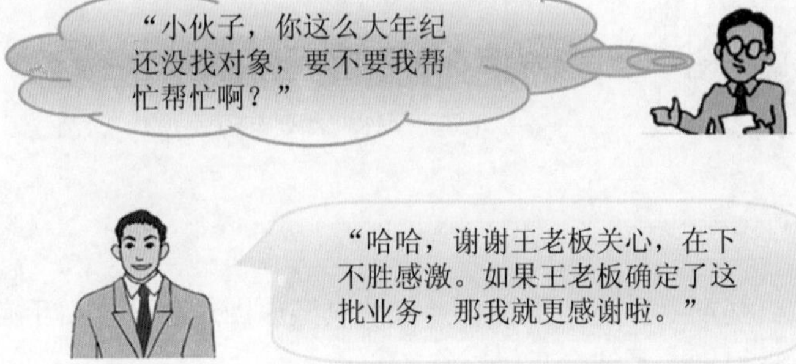

对于一些为反对而反对或只是想表现自己的看法高人一等的客户意见，若是您认真地处理，不但费时，尚有旁生枝节的可能，因此，您只要让客户满足了表达的欲望，就可采用忽视法，迅速地引开话题。

7. 询问法

询问法是物流客户开发人员针对客户提出的异议，在不确定其背景或真正动机的情况下，通过询问的方式来了解客户提出异议的真正原因，从而采取进一步的处理的方法。

在销售过程中，客户异议的类型与产生的根源往往很复杂，比较难辨别，有的客户异议仅仅是客户用来拒绝购买而随手拈来的一个借口，有的异议与客户的真实想法完全不一致，甚至有时客户本人也无法说清有关购买异议的真实原因。这时，采用询问法就是最安全、最有效的方法。

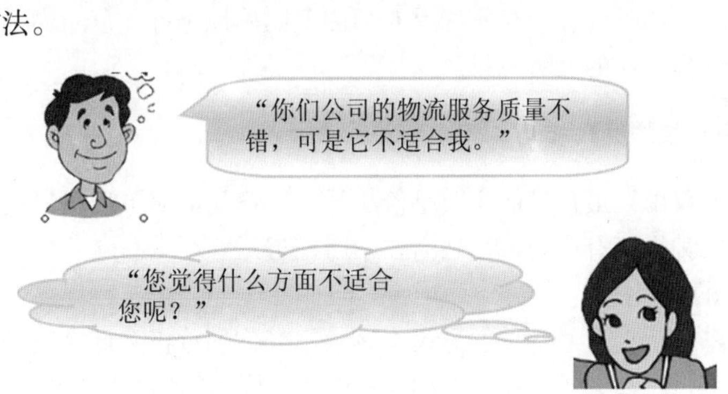

客户觉得服务质量还不错，但又说不适合，那不适合的原因究竟是什么呢？客户并没有表明。这时销售人员通过进一步询问，可以弄清产品或服务在什么地方让客户不满意。

客户说太贵了，乍听上去，属于价格异议，但是客户为什么会认为它太贵呢？销售人员通过再次询问客户为什么觉得贵，可以得出客户具体觉得贵的原因，是觉得产品或服务价值不值这么多呢？还是有别的观点影响客户的判断？

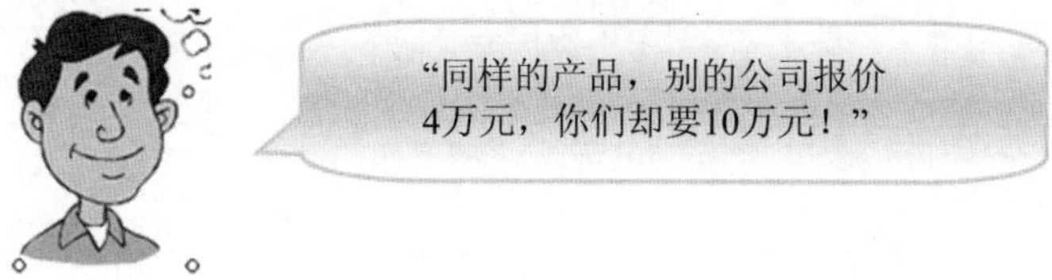

这时，销售人员基本上弄清楚了客户异议的真实原因是什么，由于有了另一家公司的价格比较，客户才觉得贵，不适合自己。

由此可见，通过销售人员温和、关切的询问，可以进一步弄清楚客户异议背后的真正原因，这样更方便销售人员对异议进行处理。

在销售人员的字典中，有一个非常珍贵、价值无穷的字眼"为什么？"不要轻易地放弃了这个利器，也不要过于自信，认为自己已能猜出客户为什么会这样或为什么会那样。销售人员在没有确认客户反对意见重点及程度前，直接回答客户的反对意见，往往可能会引出更多的异议，让销售人员自困愁城。

当您问为什么的时候，客户必然会做出以下反应：

（1）他必须回答自己提出反对意见的理由，说出自己内心的想法。

（2）再次地审视他提出的反对意见是否妥当。

此时，销售人员能听到客户真实的反对原因及明确地把握住反对的重点，也能有较多的时间思考如何处理客户的反对意见。

8.3.3 常见客户异议的处理技巧

在物流客户异议中，最常见的主要是价格异议、产品或服务质量异议、货源异议和时间异议，对于这几种异议有些处理技巧需要学习掌握。

1. 价格异议的处理技巧

价格异议是销售活动中最常见的异议，客户不管你的价格多低，也可能客户根本就不觉得价格高，但客户经常会条件反射似的说："太贵了，能不能少点？"

• 处理技巧：

（1）分解价格。将价格按使用年限或功能进行分解，这样细化到每项功能或每天，原本让客户觉得比较高的价格，也不会让人觉得高了。如“这套物流软件总价格是6万元，可以免费升级使用5年，按你们学校每年200名学生计算，平均每名学生每年只需花60元，就能学习和使用与企业完全一样的物流操作软件，这样就业时就更胜一筹了！”

（2）强调特殊品质。

（3）进行对比分析。

（4）推迟价格异议。先强调产品的利益、优势，再给其报价。

（5）强调相对价格。相对产品带给顾客的利益来说，价格是很低的。

（6）强调投资回报。

（7）转而推销低价产品。

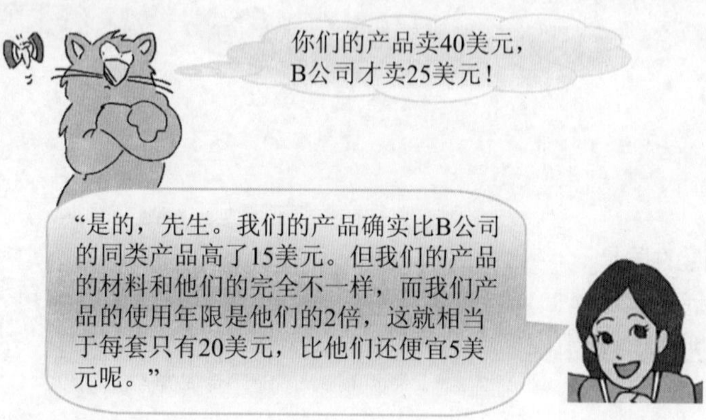

2. 产品或服务质量异议

产品或服务质量异议对于能否达成交易起到关键的作用，如果客户对你的产品或服务质量怀有疑问而得不到有效的解决，那么就很难促成交易。

• 处理技巧：

（1）证实质量。可用现场演示产品、展示相关质量证据、其他客户的佐证等方法。

（2）淡化质量意识。强调产品与客户的适用性和实用性。如：“我们的包装确实不够精美，但它在保证您的货物安全性方面起到非常好的效果。”

（3）巧用质量异议。

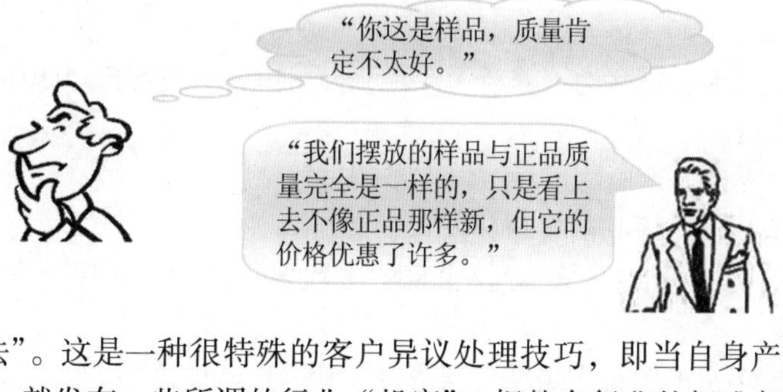

（4）“全贬法”。这是一种很特殊的客户异议处理技巧，即当自身产品或服务达不到某种标准的时候，就发布一些所谓的行业“机密”，把整个行业的标准都降低，说整个行业都是这个水平。采用“全贬法”有利于降低客户的期望心理，接受销售人员所销售的产品，尤其是当客户的期望水平过高，与现实情况和客户需求差距较大时，采用这种方法比较有效。然而，由于“全贬法”是将整个行业的水平降低，如果你所说的所谓“行业机密”跟事实不符，切勿使用，以免让客户怀疑您的职业道德或无法满足客户的真实需求。

3. 货源异议

- 处理技巧：

（1）证明货源的质量。

（2）强调竞争受益。强调通过更多货源的选择，最终受益的是客户。

（3）对产品进行恰当的比较。

4. 时间异议

- 处理技巧：

（1）强调购买时机。如季节性差价、缺货危机、价格趋势。

（2）强调早投资早收益。如购买货车、叉车、物流信息系统等。

（3）竞争诱使法。①强调顾客的竞争对手已配备相关产品；②强调本产品的竞争对手的性价比。

8.3.4 处理物流客户异议常见应答语

在销售的过程中，物流客户提出的异议很多，如果我们提前想好相关异议的应答语，并多多训练，相信在实际销售过程中，会收到不错的效果。处理物流客户异议常见应答语见表8－2。

为了提高工作效率和更好地培养新人，物流公司市场开发部门可组织经验丰富的销售人员编制标准应答语。

编制物流客户异议处理应答语可按以下步骤进行：

（1）组织销售人员把遇到的客户异议写下来。

（2）进行分类统计，依照每一异议出现的次数多少排列出顺序，出现频率最高的异议排在前面。

（3）组织经验丰富的销售人员结合其销售经验以集体讨论的方式编制适当的应答语，并编写整理成册。表8－2列出了一些异议常见应答语。

表8－2　处理物流客户异议常见应答语

异议类型	异议表现	异议常见应答语
需求异议	（1）我们不需要你们提供包装； （2）物流软件我们用不上； （3）我们已经有了； （4）没兴趣	（1）您这么说，我很理解。如果你给我5分钟的时间，相信您的看法会有所改变。 （2）您为什么觉得用不上呢？ （3）某某物流公司确实非常不错，如果我们提供更好的服务和更具竞争力的价格，你会考虑一下我们的方案吗？ （4）“我这里有一份资料说明了贵公司上个月销售量下降20%的原因，您要不要看一下？” （5）如果您接受我们的物流服务，您的库存成本会大大减少，同时您还可以集中精力做好您的销售
产品异议	（1）你们的产品真有那么好吗？ （2）听说你们运输车辆老出事故。 （3）上次托运的货物就被你们搞丢了！	（1）这是国家权威部门颁发的质量证书和部分老客户使用后的效果资料，如果您还不放心，您可以任意选一家公司，我陪您去看一看。 （2）那纯粹是一种误传。我们公司向来以安全著称，去年又增加了预警系统，安全就更有保障啦。 （3）非常抱歉出现这种意外，我们已对相关责任人进行了处理，同时我们公司特意增设了条码技术，现在几乎没有弄丢货物的可能啦。 （4）某某连锁超市由我们提供配送之后，物流成本下降了15%呢
价格异议	（1）产品不错，只是价格能不能少点？ （2）别人的运费才15元，你们的怎么要30元？ （3）你们的价格太贵了 （4）如果不打七折，我们就没办法合作啦	（1）我们的产品在行业内是数一数二的，价格已按老客户的价格给您的啦。 （2）王总，相信您知道我们公司一直都是做高端客户的，我们提供的服务也是一流的。 （3）王总，便宜的我们也有，不过我认为那些并不适合您。相对价格而言，我想您会更关注品质和服务吧？ （4）我们的价格确实比其他物流公司高一些，但我们多了两项你们必须经常使用的功能，如果加上这两项功能的成本，我们的价格比其他物流公司的还便宜呢。 （5）王总，您真厉害！我做了这么多年的销售，从来没出过这么低的价格，您真是难为我了。 （6）品牌不同，服务和价格当然也会不同。您看UPS的价格和其他一些快递公司的价格就不一样

续上表

异议类型	异议表现	异议常见应答语
服务异议	（1）你们公司工作效率太低，我都排了半个小时的队了！ （2）你们公司的环境太差	（1）非常感谢您的耐心等候。现在我马上为您办理手续好吗？ （2）谢谢您的批评，我们会尽量改善，相信您下次再来时，环境会大有改观。 （3）我们客服中心提供24小时服务，您的货物一到，我们马上电话通知您。您放心好了
支付能力异议	（1）我们今年没有这方面的预算。 （2）要500块啊？我才带了300多	（1）哈哈，计划赶不上变化呀，有些东西是没办法预算的。您看是不是可以根据实际需求进行一些调整呢？ （2）您看，要不我先给您办手续，等您把余款付清时，我再给您开票、发货行吗？省得您带着货跑来跑去。 （3）王总，您看我们合作这么多年了，如果您资金实在暂时挪不开，那我们给您提供三个月的延期付款怎么样
货源异议	（1）你们是什么物流公司呀？从来没听说过。 （2）我们一直和顺捷物流公司合作。 （3）我们不和小公司打交道	（1）我们公司虽然成立不久，但我们已和几家大公司达成合作意向了，您看，这是我们合作伙伴的资料，里面有很多知名企业。 （2）顺捷物流公司确实不错，但如果我们提供更好的服务和更低的价格，我想您会考虑给我们一次机会，是吧？ （3）小公司有小公司的灵活之处，我们可以为您提供量身订制的物流服务，在服务质量不降低的情况下，还可以节省物流费用，何乐而不为呢？
购买时间异议	（1）你把资料留下，我看后再答复你。 （2）我现在很忙。 （3）我们研究一下再决定	（1）好的。不过我们公司的这个优惠价格到本月底就结束了，过了这个月，价格又恢复原价了。今天是25号，您看，明天上午9点我再来拜访您，好吗？ （2）王总，我只占用您5分钟的时间，5分钟之后我就离开，好吗？ （3）这件事确实需要慎重考虑，不过时间就是效益呀，早点确定，贵公司就能早些享受现代化的物流服务，货物破损率和库存量都会大大降低，公司业绩也会大大提高呀
销售人员异议	（1）原来的销售员去哪儿了？我只想和他谈。 （2）你怎么连这都不懂。 （3）原来的某某什么都不懂	（1）某某被公司派驻外地了，他跟我说您是一位非常好的客户，特意嘱托我来拜访您。 （2）非常抱歉我疏漏了这一点，谢谢您指正，以后我不会再犯这样的错误啦。 （3）哈哈，您真幽默

续上表

异议类型	异议表现	异议常见应答语
权力异议	（1）这事我做不了主。 （2）我们领导不在	（1）这方面您是专家，您做不了主，谁还能做主呀？ （2）其实您才是真正的当家人。 （3）谁不知道这个公司是您说了算呀

（4）要求销售人员和客服人员都要记熟。

（5）由老销售人员扮演客户，大家轮流练习标准应答语。

（6）对练习过程中发现的不足，通过讨论进行修改和提高。

（7）对修改过的应答语进行再练习，并最后定稿备用。最好是印成小册子发给大家，以供随时翻阅，达到运用自如、脱口而出的程度。

8.3.5　处理物流客户异议应该注意的事项

在处理物流客户异议的过程中，销售人员应注意以下事项：

1. 对物流客户异议的态度一定要积极

态度决定一切，做销售最怕的不是客户有异议而是客户一点异议也没有。客户提出异议表示客户还有与你进一步沟通的愿望，只要有沟通的机会，就会有成交的希望。所以物流销售人员应把客户的每一次异议都当做成交的机会。

2. 事先功课一定做足

“凡事预则立，不预则废。”对于经常面对形形色色客户的物流销售人员，这一点尤其重要。事先做好充足的功课，就能避免物流客户提出而销售人员又无法解答的异议，尽量避免给客户留下把柄。

事前准备包括：公司资料的准备、个人仪容仪表的整洁、销售资料和销售说辞的准备等。销售人员在进入客户大门前，要将各项准备工作重新检查一遍，看是否有疏漏的地方，将客户可能会提出的各种异议结合客户异议应答语在大脑里再过滤一遍，考虑一个完善的答复，这样在面对客户时，销售人员就会心中有数、从容自信。

3. 切忌与客户争辩

不管客户如何批评我们，销售人员永远不要与客户争辩，因为，争辩不是说服客户的好方法，与客户争辩，失败的永远是销售人员。当碰到一些刻意刁难的客户时，销售人员不妨插科打诨幽默一番，或适度保持沉默也是一种很好的处理方式。记住：“占争论的便宜越多，吃销售的亏就越大。”

4. 要给客户留足够的“面子”

销售人员要尊重客户的意见。客户的意见无论是对是错、是深刻还是幼稚，销售人员都不能表现出轻视的样子，如不耐烦、轻蔑、走神、东张西望、绷着脸、耷拉着头等。销售人员要双眼正视客户，面部略带微笑，表现出全神贯注的样子。并且，销售人员不能语气生硬地对客户说：“您错了”、“连这您也不懂”；也不能显得比客户知道的更多：“让我给您解释一下……”“您没搞懂我说的意思，我是说……”这些说法明显地抬高了自己，贬低了客户，会挫伤客户的自尊心。

同样记住一句话："给别人留面子，就是给自己留面子。"

5. 站在客户的立场，充当客户的顾问

现实生活中，许多客户实际上不愿意充当被销售的角色，他们往往担心销售人员是为了销售而销售，担心自己买下用不着、价格高、性能不好的产品，这是可以理解的。如果我们销售人员换个角度，学会站在客户的立场，做客户的朋友和顾问，充当客户的参谋，真心实意地为客户着想，这样在销售的过程中，就能和客户进行良好的沟通和彼此的信任，增加成交的几率，也提高客户对我们产品和服务的满意度。

技巧能帮助你提高效率，但对异议秉持正确的态度，才能使你面对客户异议时能冷静、沉稳；能冷静、沉稳才能辨别异议的真伪，才能从异议中发觉客户的需求，才能把异议转换成每一个销售机会。因此，销售人员训练自己处理异议，不但要练习你的技巧，同时也要培养你对客户异议的正确态度。

【实战训练8－1】

现场销售体验训练

训练目标：通过现场销售体验的方式，分析常见的客户异议有哪些，销售人员应如何处理。

训练内容与要求：

(1) 以项目小组为单位，每一小组选择某一商品分角色进行现场销售体验；

(2) 客户至少提出3～5项异议，观察销售人员如何处理；

(3) 其他小组同学可以扮演顾客提出其他异议；

(4) 将销售体验过程录制下来，销售完毕后，边重放边分析、讲解；

(5) 各小组结合老师和同学的点评，对销售过程进行完善；

(6) 各小组将完善后的销售体验过程以情景剧的形式撰写下来进行训练。

【实战训练8－2】

物流客户异议处理训练

训练目标：针对物流客户不同的异议，恰当运用相关技巧和应答语进行处理。

训练内容与要求：

(1) 教师组织学生就日常生活中常见的客户异议进行讨论，并将这些异议进行分类整理，写在黑板上供学生训练使用；

(2) 组织学生以原先组建的小组为单位，针对上面提到的客户异议进行现场训练，由小组组长组织实施；

(3) 老师组织大家讨论较好的处理方式和应答语；

(4) 选择2个小组进行现场训练，由教师和学生共同进行现场分析、点评。

【重点回顾】

(1) 客户异议处理策略；
(2) 对待客户异议的积极态度；
(3) 物流客户异议的类型及产生的根源；
(4) 处理物流客户异议的方法；
(5) 常见客户异议的处理技巧；
(6) 处理物流客户异议常见应答语；
(7) 处理物流客户异议应该注意的事项。

任务九　促成交易及回收业务款

【任务描述】

- 了解物流客户有意成交的信号；
- 掌握促成交易的具体方法；
- 掌握回收物流业务款的具体策略。

【案例呈现】

胡静作为某物流公司的销售人员，前去拜访客户，商谈物流运输业务，N次未果。忽然一天，客户拿出早已签好字的合同。胡静非常疑惑："王总，怎么这么长时间您才决定购买呢？"

结果王总说了句让胡静非常惊讶的话："你今天才要求我订货啊！"

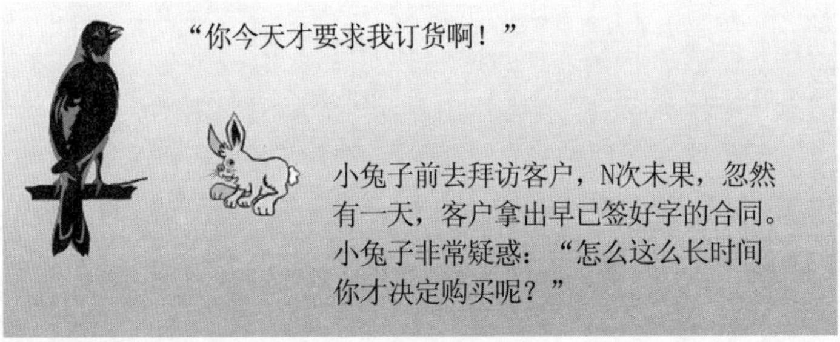

【案例研讨】

1. 这个案例说明了什么？为什么会出现这种情况？
2. 王总为什么那么长时间才决定购买？
3. 如果想成为一名优秀的销售人员，胡静应该在哪些方面更加努力？

【任务实施】

在销售的过程中，不管是销售前的接近，还是客户异议的处理，都是为了最后能与客户达成交易。在实际销售过程中，客户为了保证自己提出的交易条件，取得心理上的优势，一般不会主动提出成交，但客户的购买意向会通过各种方式有意无意地表现出来，销售人员应该学会察言观色，善于捕捉客户的种种购买信号，及时促成交易。否则极有可能错失良机，导致销售工作的失败。

9.1　认识物流客户成交信号

成交信号是指客户在语言、表情、行为等方面所表露出来的打算购买物流产品或服务的一切暗示或提示。

当物流客户的购买兴趣逐渐高涨，客户的心理活动也趋向于明朗化，有成交的意向时，会通过客户的言辞、举止、表情等变化表现出来，这些变化有些是有意的，有些则是无意的，销售人员需要及时发现、及时把握，增加成功的几率。

9.1.1　捕捉物流客户成交的信号

物流客户成交的信号主要分为语言信号、行为信号、表情信号和事态进程信号。物流客户成交信号及表现见表9-1。

表9-1　物流客户成交信号及表现

成交信号	具 体 表 现
语言信号	顾客询问价格、使用方法、保养方法、使用注意事项、售后服务、交货期、交货手续、支付方式、新旧产品比较、竞争对手的产品及交货条件、市场评价、说“喜欢”和“的确能解决我这个困扰”等表露出来的成交信号。 （1）顾客对商品给予一定的肯定或称赞。如“你们的产品看起来真不错。” （2）征求别人的意见或者看法，特别是同行者的意见。比如：“你看怎么样?”人是需要认同和被认可的。在自己拿不定主意或主意已定时，用别人的意见佐证一下是人之常情。 （3）询问交易方式、交货时间和付款条件。如“什么时候可以交货？需要现金付款吗?” （4）详细了解商品的具体情况，包括商品的特点、使用方法、价格等。如“这个保险装置如何使用?” （5）询问团购是否可以优惠，这是顾客在变相地探明商品的价格底线。如“我们大批量买的话，可以打几折?” （6）声称认识商家的某某人，或者是某某熟人介绍的。如“你们老板是不是王总?” （7）对产品质量及加工过程提出质疑。如“这个装置是怎么做出来的?” （8）打听产品保养、保修之类的售后问题，如安装、调试、维修、退换等。如“你们的免费升级期限是几年?” （9）问有无促销或促销的截止期限。顾客总是想买到价廉物美的产品。能少掏点就少掏点，毕竟掏腰包对顾客是最痛苦的过程，能有优惠打折赠品的促销活动消费者是绝对不会放过的。如“现在买有什么优惠?” （10）问送货的时间或到货的时间，特别是对一些没有库存、需要厂家定制的、有一定生产和送货周期的产品。 （11）顾客直接“投降”如“你介绍的真好”，“真说不过你了”等等。 （12）反复提一些已答复和已弄清了的问题。 （13）要求销售方提出承诺。

续上表

成交信号	具 体 表 现
语言信号	（14）明确说“试一试”、“不错”、“好吧”等肯定用词。 （15）抱怨以前用过的产品。 （16）告诉销售人员他的朋友曾采购过，感觉良好。 （17）把目前的产品与竞争对手产品进行比较
行为信号	顾客频频点头、仔细端详样品、细看说明书、身体向销售人员方向前倾、用手触及订单等。 （1）反复阅读文件和说明书。 （2）认真观看有关的视听资料，并点头称是。 （3）查看、询问合同条款。 （4）要求推销人员展示样品，并亲手触摸、试用产品。 （5）突然沉默或沉思，眼神和表情变得严肃，或表示好感，或笑容满面。 （6）主动请出本公司有决定权的负责人，或主动给你介绍其他部门的负责人。 （7）突然为销售人员倒开水，变得热情起来。 （8）动作由静变动。由抄手、抱胸等静态的戒备性动作，转向“东摸摸、西看看”的动态动作。俗话说“爱不释手”，如果顾客对产品动“手”了，至少说明顾客有了购买的意向。 （9）动作由紧张到放松。顾客在决定购买前，心理大都比较紧张，弦绷得比较紧，有一种购买前很难决策的焦虑和不安。一旦顾客确定下来，心理一般就如释重负，自然在行为动作上会表现出放松的状态。如坐着的顾客动作由原来的前倾变成后仰等。 （10）顾客的双脚“语言”。顾客的双脚可能透露顾客真实的购买意愿。当顾客说，“你不降价，我就走了。”上身已经有转身的意思，但顾客的双脚还死死地冲着想买的这套产品时，说明顾客还是在测商家的价格底线，这时候就要看谁撑得住了。 （11）客户的身体行为。客户说：“算了，我再到别处看看。”双脚已移开了，双眼却还盯着产品，说明客户对产品还是有很强烈的购买愿望，这时只要销售人员稍微给出一点优惠，成交的可能性就很大。 （12）客户来回、反复查看产品
表情信号	客户在洽谈中面带微笑、下意识地点头表示同意你的意见、对产品的不足表现出包容和理解的神情、对推销的商品表示兴趣和关注等。 （1）紧锁的双眉分开、上扬、深思。 （2）神色活跃，神态轻松，态度更加友好。 （3）表情变得开朗，微笑自然。 （4）客户的眼神、面部表情变得很认真等。 （5）客户的表情由冷漠、怀疑、拒绝变为热情、亲切、轻松自然。 （6）目光在产品逗留的时间增长，眼睛发光，神采奕奕。俗话说，眼睛是心灵的窗户，观察客户眼睛、目光的微妙变化可以洞察先机。 （7）客户由咬牙沉思变成表情明朗、放松、活泼、友好

续上表

成交信号	具 体 表 现
事态进程信号	（1）转变洽谈环境，主动要求进入洽谈室或在销售人员要求进入时，非常痛快地答应。 （2）销售人员准备拿订单书写或做交付款等动作时，客户没有明显的拒绝和异议。 （3）主要向销售人员介绍自己同行的有关人员，特别是购买的决策人员。如主动向导购介绍“这是我的太太”，“这是我的领导”等。 （4）客户提出要考察公司、现场操作产品等

根据终端环境的不同、顾客的不同、销售的产品的不同、销售人员介绍能力的不同、成交阶段的不同，客户表现出来的成交信号也千差万别，不一而足。由于客户的语言、动作和表情都是可以伪装的，为了更准确地探知客户内心真实的想法，销售人员不反要察其言，观其行，听其言，还要会用大脑分析。优秀的终端销售人员一旦确定顾客有购买意图，就要迅速诱导客户作出购买决定，实现交易。

9.1.2　及时化解不利信息

销售人员也要善于捕捉不利信息，及时化解。

1. 对销售人员不理不睬

如果是在一般的家庭拜访情况下，太太会故意骂小孩，整理衣物。总之一切动作都在暗示着叫你赶快离开。面对这样的态度你应该怎么办呢？

很多人遇到这样的情形，会尽快留下目录和小册子，然后就走了。但是，这其实是很失败的做法，所以先不要认为对方真的很忙。如果真的无法使对方和你交谈的话，不妨先沉默一下，以缓和现场的紧张忙乱气氛。或在对方稍微平静间隙说：“等你有空时再来！”总之，不要突然离开，否则会把彼此的关系弄得更僵。

2. 不愿接受名片

有的人会不愿意接受销售人员的名片，经验不足的销售人员遇到这样的情形往往会张皇失措，甚至面红耳赤，这都不是一个销售人员应该有的表现。

当你递出名片而对方不愿意接受的时候，你不妨将它放在桌上或门口，无论如何不能再将它收回来，因为这是“我将要回去了！”的信息，并且留下名片至少让客户知道，有一位销售人员前来推销了某一种商品，所以留下名片是有必要的。

3. 拿出的东西，对方看都不看

这是完全不在乎销售人员的一种表示，这样的客户非常多。这也是显示要你早一点回去的意思，但是，为了达到销售的目的，你仍然要拿出目录来，一一加以说明。

虽然他不想接受你和看你的东西，但是，只要你说了，对方还是会听得见。所以，你先假想对方很专心地听你的说明，你当然必须说得很起劲了。如果对方毫无反应的话，你就按照自己原来的计划一直说下去吧！

4. 始终不开口

无论你说了什么，对方始终不愿意开口，这也是拒绝的一种表现。

你会觉得，对方只是默默地坐在面前，不给任何的信息，倒不如大吵一架，来得有意义呢！这时你不妨转换一个轻松的话题，比如谈谈他家的摆设、谈谈他的小孩或递给他一支烟，送他一件小礼物等。

5. 身体向后靠，双手抱胸

客户一直是听得很入迷的样子，突然之间却将身体向椅背上靠去，或抱起双手，对销售人员的谈话爱理不理的，表示对方对你的销售已没有兴趣，并产生抵触情绪，这是危险的信号。

这个时候你即使说一些和销售无关的话，对方也不会再有任何反应了。所以你最好闭上嘴巴，不再说话，这是惟一的方法。

6. 转移视线

起初虽然也注意到在听你的话，但是，渐渐地焦躁起来，突然变得毫不关心的模样，这也是拒绝的表现，意味着厌倦了你的谈话，或者是叫你早一点儿离开。

如果你凝视着对方的脸，可是对方立刻将视线移开，这样表示销售活动已经到了绝望的地步。惟一的方法是赶快结束今天的谈话，因为对方已经开始表示厌倦了，再谈下去只是白白浪费时间和精力而已。

7. 焦躁不安的神情

小孩在哭闹之前，身体一定会先左扭右摆，表现出焦躁不安的神情。这样的动作持续一阵子之后，才会突然地哭起来。

大人的肢体语言也大致一样，当焦躁不安的神情出现时，对你的商品说明，他再也没有心情听了。焦躁不安的神情是一个危险的信号，表示你可以离开了。

在这个时候，如果你已察觉苗头不对，就赶快收拾说明手册，打开皮包。这样的动作给对方“啊！他终于要回去了！”的讯息，然后态度就会再度安定下来。如果这个时候对方仍然没有安定下来的话，惟一的方法就是先离开，然后再寻找恰当时候拜访。

8. 和同伴交换眼色

如果客户有同伴，在销售讲解的过程中，客户与同伴进行眼色交换，表示客户的某种目的已达到，或对产品某一方面有疑惑，销售人员这时需要迅速分析哪一方面存在问题并立即进行处理。

9. 抬眉毛，惊讶出乎意料

表示你的报价或产品出乎对方的意料，销售人员需要迅速调整自己的销售策略。

10. 身体向门口倾斜想离开

这是非常明显的拒绝信号，说明客户想迅速离开销售环境，这时销售人员如果不能迅速抓住客户的兴趣，客户马上就溜之大吉了。

销售过程中，客户会流露出各种各样的不利成交的信息，不论什么样的情况都有一个共同的特征，以肢体反应表示拒绝的人，通常个性都比较怯懦，一旦你打开了对方的心扉，谈话往往会意外地进行得顺利。

9.1.3 准确把握促成交易的时机

在实际销售过程中，每一阶段都有可能成为成交的机会，只要观察到了客户的成交信号，销售人员可以立即提出成交请求。以下4种情况是比较好的促成交易的时机。

（1）处理完重大异议时。这时气氛比较融洽，销售人员提出成交请求比较容易为客户所接受。

（2）重要利益被客户接受后。这时客户比较满意，成功的机会往往比较高。

（3）客户发出购买信号。当客户发出购买信号时，销售人员要及时提出成交请求。

（4）客户提出一系列问题，不再提问时。此时说明客户对产品或服务的疑问已得到解决，心理处于满足状态，这时比较适合提出成交。

9.2　促成交易

把握客户成交的信号后，结合销售环境的不同，及时采用不同的促成交易的方法和技巧，会使你交易的成功率大大提高。

9.2.1　促成交易15法

1. 请求成交法

推销员主动提出成交请求，直接要求客户购买的一种方法。这种促成成交的方式简单明了，在某些场合十分有效。当销售人员对顾客直率的疑问做出了令顾客满意的解说时，直接促成成交就是很恰当的方法。

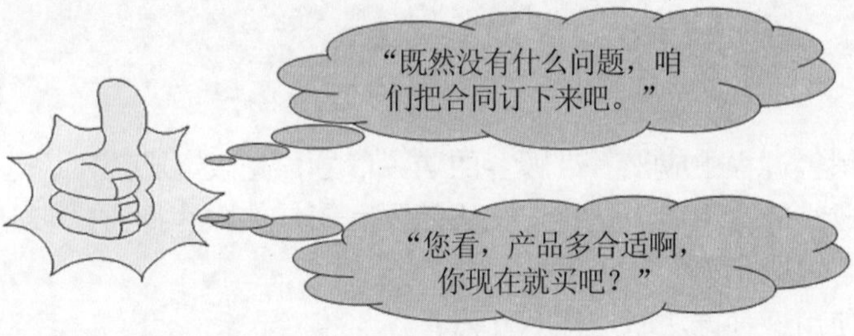

销售人员直截了当地要求顾客订货，在以下四种场合，可用此方法。

（1）对老顾客来说，因为双方比较熟悉，买卖无需多费口舌。而且人际关系较好，客户一般不会回绝购买建议。

（2）销售人员观察到客户喜欢产品或服务，已有购买意向，但一时又犹豫不定，销售人员直接要求成交，可帮助客户下定购买决心。

（3）用于引导客户把思绪拉回到购买问题上。如向客户介绍完产品，或回答了客户提出的问题后，就可以接着说：“没问题吧，现在给您开单?”这样做并不一定就是要马上成交，而是促使客户考虑购买的问题。

（4）当客户提不出什么异议，想买又不便开口主动提出时，可以运用直接成交法结束营销过程。

使用直接成交法可以快速地促成交易，充分利用了各种成交机会，节省销售的时间，提高工作效率，同时也体现了销售人员灵活、机动、主动进取的精神。

2. 假定成交法

此类方法是指销售人员在假定顾客已经接受销售建议、同意购买的基础上，通过提出一些具体的成交问题，直接要求顾客购买商品的一种方法。

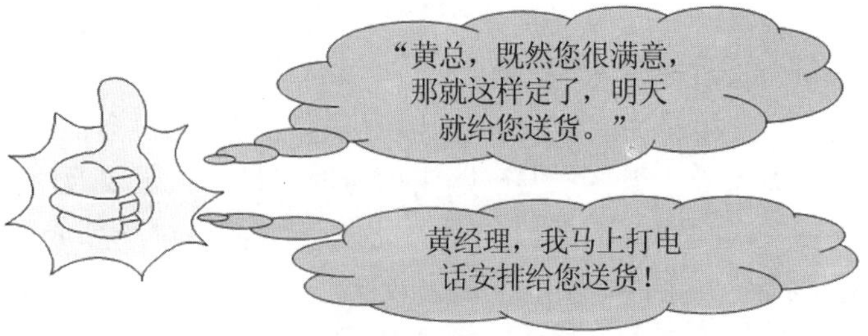

在运用假定成交法时，销售人员常常避开促成成交的主要问题，从一些枝节问题或后续问题入手。例如向客户提出含蓄的问题，提这类问题也是基于已假定顾客基本上做出了购买决定，但尚未明确表示出来。这时可以问：“您什么时候需要这种商品?”或“您需要多少?”这些都是促使顾客做出购买决定的恰当提问。

3. 选择成交法

指销售人员向客户提出一些购买方案，让顾客在其中选择。

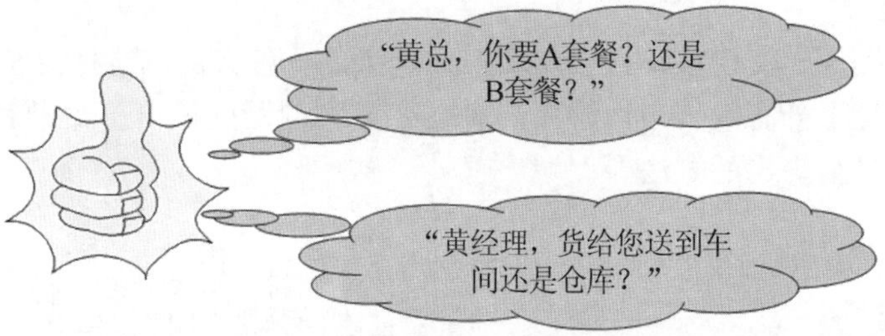

销售人员在销售过程中应该看准顾客的购买信号，先假定成交，后选择成交，并把选择的范围局限在成交的范围内。选择成交法的要点就是使顾客回避“要还是不要”，而直接给出选择答案“A 或是 B”。

销售人员在使用这种方法时应注意几点：

（1）所提问题中最好不要使用“买”字，这样客户有主动感和参与感，觉得这是自己的选择，而不是别人硬要我买的。

（2）所提出的方案不要多于两个，如果提供的选择太多，致使客户拿不定主意，这虽不至于完全丢掉生意，但也会影响立即成交。

（3）要将你希望客户选择的方案放在后面。

在运用选择成交法时，销售人员应该让客户从中做出一种肯定的回答，而不要让客户有一种拒绝的机会。这种方法可以减轻客户的心理压力，制造良好的成交气氛。从表面上看，选择成交法似乎把成交的主动权交给了客户，而事实上是把选择的范围控制在销售人员手里。

4. 小点成交法（避重就轻法，或次要问题解决法）

小点成交法，也称避重就轻法或次要问题法。指销售人员通过次要问题的解决来促成交易的一种成交方法。

一般而言，客户对重大的购买决策往往心理压力大，较为慎重，担心有风险而造成重大损失，导致决策困难。而客户在进行较小交易决策时，心理压力较小，会较为轻松地接受销售人员的建议。小点成交法正是利用客户这一心理，避免直接提出有关大的、客户比较敏感的成交问题，而让客户对"小点"方面进行决策，再就"大点"达成协议，从而促成交易实现。

小点成交法有利于减轻客户压力，创造良好气氛，保留余地，一个"小点"不成交，可以换其他"小点"，直到达成交易。但小点成交法也有其局限性，即小点成交法坚持循序渐进、积少成多的方式，可能会拖延时间，降低效率；引导客户将注意力集中在"小点"问题上，可能会忽略了"大点"问题的解决，不利于整体销售目标的实现。

5. 优惠成交法

指销售人员通过提供优惠的条件促使客户立即购买的一种方法。

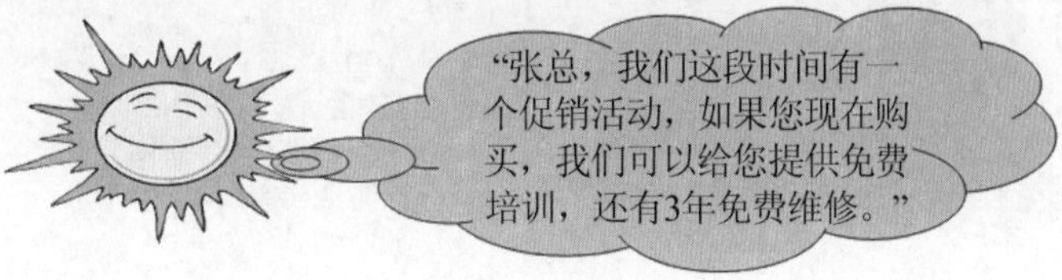

使用这些优惠政策时，销售人员要注意以下 3 点：

（1）让客户感觉他是特别的，你的优惠只针对他一个人，让客户感觉到自己很尊贵很不一般。

（2）千万不要随便给予优惠，否则客户会提出更进一步的要求，直到你不能接受的底线。

（3）表现出自己的权力有限，需要向上面请示："对不起，在我的处理权限内，我只能给你这个价格。"然后再话锋一转，"不过，因为您是我的老客户，我可以向经理请示一下，给你些额外的优惠。但我们这种优惠很难得到，我也只能尽力而为。"这样客户的期望值不会太高，即使得不到优惠，他也会感到你已经尽力而为，不会怪你。

6. 保证成交法

推销员提出成交保证，解除客户后顾之忧，使客户立即成交。当客户对物流产品或服务还有些担心和顾虑时，销售人员对客户允诺负责交易后的某种行为，以此保证来减轻或消除客户疑虑，从而使客户立即做出购买决定。

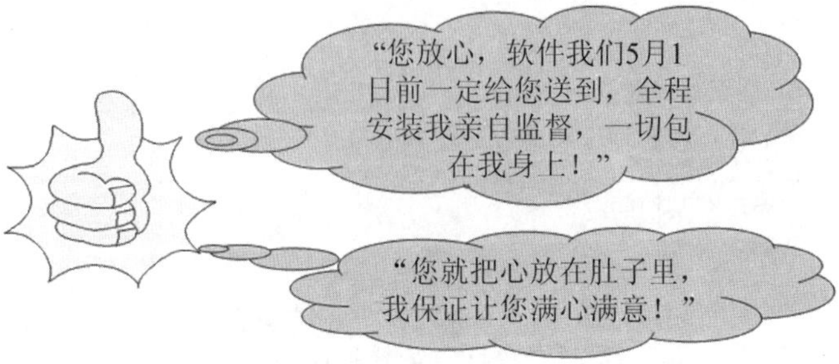

当物流产品或服务价格过高，顾客对此种产品或服务并不是十分了解，对其特性、质量也没有把握，产生心理障碍，成交犹豫不决时，销售人员应该向顾客提出保证，以增强信心。这种情况是使用保证成交法的最佳时机。这种方法可以消除顾客成交的心理障碍，增强成交信心，同时可以增强说服力和感染力，有利于销售人员妥善处理有关成交的异议。

7. 从众成交法

用一部分客户去影响另一部分客户。

客户在购买新产品或新服务时，都不愿意冒险尝试。凡是没经别人试用过的新产品，客户一般都持有怀疑态度，不敢轻易选用。对于大家认可的产品，他们容易信任和喜欢。从众成交法主要利用客户的从众心理，用一部分已采取购买行动的客户去影响、带动客户，促使客户立刻购买。

由于越来越多的人开始朝着个性化消费的趋势发展，从众心理的影响可能减少，甚至导致客户的负面评价。因此，使用从众成交法时要注意以下问题：

（1）个性化的产品或服务不宜使用此方法。

（2）必须选择和使用具有一定影响力的基本客户或中心客户来号召具有从众心理的客户。

（3）销售人员必须讲究职业道德，不能利用虚假的成交气氛来欺骗客户。

（4）从众成交法最好与广告宣传相结合，利用名人宣传品牌，造成从众的声势。

8. 最后机会成交法（时机限制法）

最后机会成交法，也叫时机限制法，指销售人员利用客户的机会心理，如利用涨价、增加费用或时间限制等信息，提示客户"机不可失，时不再来"，给客户施加一定的压力，使客户感到应该珍惜时机，尽快采取行动，促使客户立即购买销售产品或服务。

最后机会成交法可减少客户异议的纠缠和迟疑不决，促使其快下决心。但如果运用不当，客户可能会怀疑，采取观望态度而无法成交。

在运用最后机会成交法时应注意以下问题：

（1）强调机会千载难逢，利用机会刺激其欲望。

（2）机会必须属实，不能欺骗客户，否则会失去客户的信任。

（3）不能频繁使用，如果使用过多，会减少客户的及时购买欲望。

9. 小狗成交法（先使用、后付款）

小狗成交法起源于一个小故事，讲的是一个妈妈带着自己的小孩途经宠物商店，孩子看到里面的小狗非常可爱，妈妈也非常喜欢，看了一会后妈妈要带孩子离开，孩子哭闹一定要买一只小狗回家，而此时的妈妈却没有购买的想法。店员看到这幕后，主动提出，妈妈可以无偿带小狗回家玩几天，等孩子玩够了给店里带回来就好。于是妈妈带着可爱的小狗回家了，过了几天后，这个妈妈带着孩子再次来到店里，不是为了送还小狗，而是要求将小狗买下来。就这样，小狗交易顺利成交了。

小狗成交法实际上是指销售人员利用客户试用产品后不好意思不要的心理，通过把产品或服务给客户使用一段时间，让客户亲身体验产品或服务的质量、功效，以促使客户做出购买决定的成交方法。此种方法目前比较常见，如通信行业将天气预报服务免费提供给客户使用几个月，然后由客户再确定是否购买这项服务；物流软件供应商给客户提供试用版等。

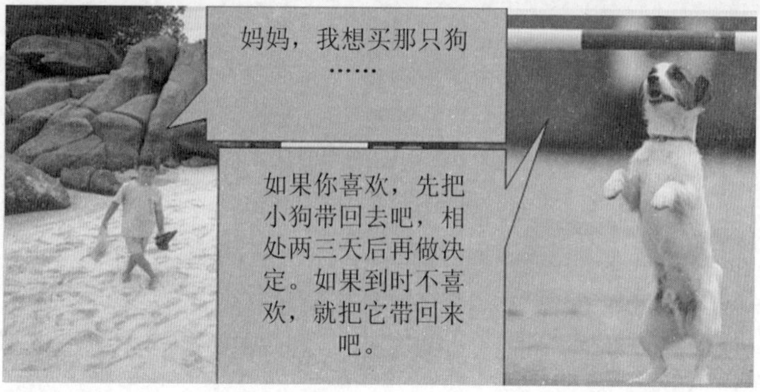

使用小狗成交法的产品或服务必须质量可靠、效果明显方能抓住客户心理，促成交易，否则反而容易弄巧成拙。

10. 富兰克林式成交法（T形对比成交法）

富兰克林式成交法也叫T形对比成交法。它来自一个小故事：一女子结婚不久，就回家向父母诉说丈夫的不是。她父亲边听边微笑，等姑娘说完后，拿出纸笔说：“你想想你丈夫有一个缺点就在纸上点一个点。”

闺女点啊点，点了很多点，说这些都是丈夫的缺点。

父亲问："除了上面的点之外，你还看到了什么？"

闺女说纸上没有别的东西了。

父亲又说："你再看看。"

这时女儿明白了，上面除了点之外，更多的是空白。

父亲说："那个空白的地方正代表着你丈夫的好处，比比看，是点多还是空白多呢？"

富兰克林式成交法即由销售人员引导客户针对物流产品或服务写出正反两方面的意见，综合比较其利弊，促使客户下决心购买的方法。销售人员准备纸笔，在纸上画出一张"T"形的表格，左边写出购买的理由，右边写出不应该购买的理由，然后综合比较购买的理由多还是不购买的理由多，以此决定是否购买。

使用富兰克林式成交法主要有以下好处：

（1）用非常直观的方法帮助客户对购买决定权衡利弊。

（2）客户会经常发现自己不购买或推迟购买决定的理由很少，能加速成交。

（3）会给客户留下直观、公平和信任的感觉。

但使用此方法时千万要注意：销售人员必须引导客户写出的购买理由比不购买的理由多、充分、重要。

11. 总结利益成交法

总结利益成交法指销售人员将客户关注的产品或服务的主要特色、优点和利益，以一种积极的方式成功加以概括总结，以得到客户的认同并向客户提出成交请求的成交方法。

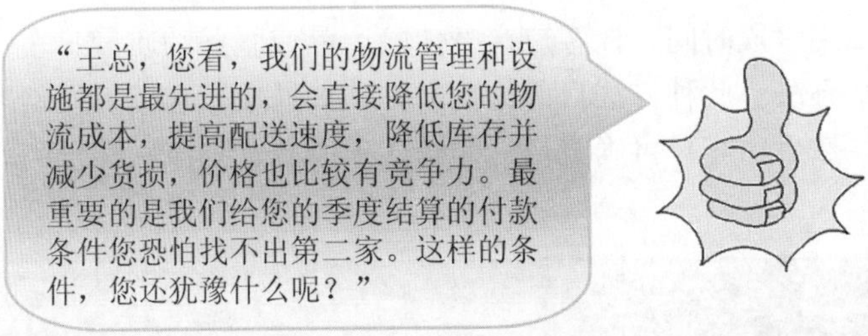

总结利益成交法通过向客户全面阐述销售产品或服务的优点、带给客户的好处，具有较大的说服力，便于激发客户的购买欲望，特别适用于相对复杂的购买决策。应用总结利益成交法时，销售人员应避免面面俱到，要准确把握客户关注的核心利益点，有针对性地汇总。使用总结利益成交法的过程中，物流销售人员应注意以下几点：

（1）在洽谈过程中要确定客户关注的核心利益是什么。

（2）在产品或服务介绍、洽谈告一段落时，适时总结这些利益。

（3）及时提出成交建议。

12. 激将法

激将法是利用客户的好胜心、自尊心而敦促他们购买产品。

有对颇有名望的香港夫妇去大商场选购首饰，他们对一只9万美元的翡翠戒指很感兴趣，只因为价格昂贵而犹豫不决。这时，在一旁察言观色的销售员走了过来，她向两位客人介绍说，东南亚某国总统夫人来店时也曾看过这只戒指，而且非常喜欢，爱不释手，但由于价格太高没有买走。经销售员当众一激，这对香港夫妇立即买下了这只翡翠戒指，因为他们要显示自己比总统夫人更有实力。

销售员在激将对方时，要显得平静、自然，以免对方看出你在“激”他。激将法在促成成交的时候要慎用。比如，营销员对客户说：“我就知道你买不起”。客户或许就会购买并且可能数量很大，但也很有可能扭头就走。激将法应该对比较冲动的客户使用，不要用在理智型的客户身上。

13. 协助客户成交法

许多客户即使有意购买，也不喜欢迅速地签下订单，他总要东挑西选，在产品颜色、尺寸、式样、交货日期上不停地打转。此时，销售员就要改变策略，暂时不谈订单的问题，转而热情地帮助客户挑选，一旦客户选定了某一产品，你也就获得了订单。

14. 因小失大成交法

因小失大法就是强调客户不做购买决定是一个很大的错误，有时候即使是一个小错误，也可能导致最糟糕的结果。通过这种强化“可能的坏结果”的压力，刺激和迫使客户成交。如果你销售物流软件，你可以这样说：“如果你节省对软件的这点投资，你以后可能需要雇佣更多的人，每年都要付他们工资，这样你花的钱可比现在一次性投入多几十倍甚至几百倍啊！”这个说法实际上就是因小失大法在日常销售工作中的运用。在这样的例子中，客户都面临着两种选择，一种是可以得到潜在的利益，而另一种却暗示着很大的风险（如果他不作出购买决定的话）。

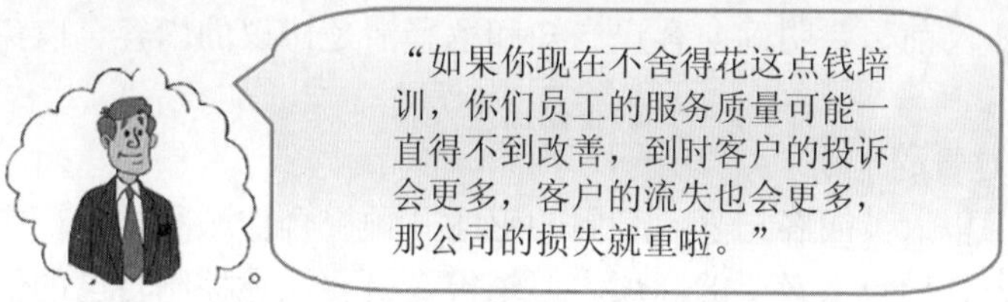

由于因小失大法过于强调客户不购买可能带来的“坏结果”，这方法对客户造成巨大的心理压力，可能会让客户觉得你在威胁他等，所以此法慎用。

15. 拜师学艺法

在你费尽口舌、使出各种方法都无效、眼看这笔生意做不成时，不妨转移话题，不再向客户推销，而是请教他自己在销售中存在的问题。

“我很肯定这个产品能为你带来许多好处，可惜我的口才太差劲，没办法表达我真正的意思。真的很可惜，要是我能说得清楚一点，您一定可以享受到好处。能不能请您帮个忙，告诉我，哪里做得不好，让我可以改进？”

接着，客户提出不满意的地方。你的回答：“我真的没有提到这一点吗？”你诚恳地道歉，继续说明，解除客户的疑虑，最后再度提出成交。当你道歉时，一定要诚恳，否则一旦客户怀疑你的诚意，恐怕会马上下逐客令了。

为了与客户成交，达到销售的目的，应根据不同客户、不同情况、不同环境，采取不同的成交策略，以掌握主动权，尽快达成交易。在尝试缔结时，一旦掌握住缔结契机，就应趁早结束商谈。

9.2.2 促成交易应注意的问题

1. 注意营造和谐的成交环境

一般来说，销售人员应选定安静不受干扰的环境，便于客户集中注意力，不被外界因素打扰。销售人员与客户交谈时应保持恰当距离，有利于双方交流，形成较为融洽的个人关系。

2. 抓住最佳销售时机

销售人员要认真倾听客户谈话，用心关注客户需求，捕捉任何有利于成交的机会，根据实际情况，灵活选择适当的成交方法。

3. 要真诚、自然，不要过于依赖成交技巧

在销售过程中，要保持真诚、自然，做客户的销售顾问，而不要过于依赖技巧促成交易，这样有利于客户的长期合作，培养客户的忠诚度。

4. 注意签好书面协议

销售人员每次拜访客户前都应该准备好协议文本及相关工具，一旦达成交易，立即签署协议。在签署协议前，要明确向客户告知和解释清楚协议的内容，以免今后产生不必要的误会。

5. 签约后及时告辞

签约完毕，销售人员向客户表示必要的感谢并预祝合作顺利之后，应该及时向客户告辞，以免言多必失，导致不必要的麻烦。但销售人员要注意控制自己的情绪和表情，不要表现出得意、非常想离开的样子，这样会让客户产生上当受骗的感觉。

6. 安排好客户的回访

成交之后，销售人员要与客户保持日常的联系，并积极主动地询问客户使用产品或服务后的效果、感受，及时帮客户解决问题，赢得他们的信赖，积极发展新的销售机会。

在实际销售工作中，销售人员会遇到很多挫折和困难，只要保持积极乐观的心态，拥有一颗真诚待人的心，适当运用一些技巧，相信成功一定不会太远。

【实战训练9－1】

缔结交易模拟训练

训练目标：通过模拟训练，可以识别客户成交的有利信息，准确把握成交的时机，结

合所学的促成交易法，熟悉掌握各种促成交易的方法。

训练内容与要求：

（1）事先安排各小组撰写销售业务成交的情景剧本，要求合理设计成交信号及不利信息，模拟销售人员采用所学缔结交易的各种方法促成交易。

（2）各小组进行现场演示，其他小组及老师进行点评。

（3）各小组结合点评完善情景剧本。

9.3　回收业务款

作为一名销售人员，当你成功地与客户签订了合同，并不意味着你就完成了销售任务，还有一项挑战性很强的工作即回收物流业务款。回收业务款的时间越长，坏账的可能性就越大，对企业的经营会有较大的影响。业务款回收越快，资金周转也会较快，企业的经营效益才会比较好。

9.3.1　防范物流业务款回收风险

一说到业务款回收，许多企业都会倍感头痛。许多律师也是只管打官司，不管讨钱。因此，律师界和企业界似已普遍形成一种共识，讨债的官司胜诉容易，执行难，尤其是外地的业务款回收更是难上加难。物流企业做好业务款回收的预先防范工作非常重要。

1. 交易前，审慎调查对方的资信状况，评估其偿还能力

这项工作应在寻找与识别客户阶段完成，主要了解客户的资信、业绩、财务状况、与原来供应商之间的交易状况等。根据交易客户的具体情况确定交易的方式、付款方式和金额等，对于信用情况比较差的客户要直接剔除。

2. 签订合同时，规范合同

在与客户签订合同时，合同中应明确物流业务款结算情况如结算价格、结款方式、结款时间、担保人、抵押物等。签订合同时应注意的问题：

（1）合同条款书写要严谨，避免产生歧义或不易执行。如：“双方约定运费于2010年8月以后支付”，这样就很容易被客户利用，拖欠业务款。

（2）对于一次性买卖，结款日期要明确写明哪年哪月哪日。

（3）交易条件不能由双方口头约定，必须使用书面形式。

（4）合同必须加盖客户单位的合同专用章。

（5）若交易金额较大，最好请公证处公证。

（6）若是涉及分期付款、延期付款或赊销，最好请对方提供担保人或抵押物。

3. 最大限度地要求对方现款支付

可以通过现款支付给予折扣、免费送货等措施促成客户现款交易，减少潜在的呆、坏账损失。对于第一次交易的客户，在调查其信用的基础上，必须要求其现款支付一部分业务款；对于信用较差的客户，必须要求现款现货，否则可以放弃交易。

4. 交易过程中，密切注意客户资产信息

在交易过程中，要督促客户及时回款，同时密切注意收集交易对象业务运作和资产信息，如开户银行、账号、房产、车牌号码等，对一些不良征兆要高度警惕，切勿赊销期满才过问，否则，很有可能“竹篮打水一场空”。

当客户出现以下征兆时，你必须高度警惕：

（1）客户前期均为现款支付，突然要求赊销且数额较大。

（2）客户要求“货到付运费”，但服务到位后，却要求你改天再来收取业务款。

（3）客户过于爽快，对交易条件、价格等不提过多要求。

（4）当有谣言产生时。

5. 建立客户信用等级制度

根据客户付款的情况，确定为客户提供物流服务的最高额度。当客户要求提供超过信用额度的服务时，可以要求对方以现款方式交易或提供担保物。

6. 控制物流服务的数量

对于物流采购量大的客户，要结合其信用额度，合理控制物流服务量，并要求分批结算业务款。当第一批物流业务款不到账时，先不提供第二批物流服务。

7. 对于拖欠业务款的客户，要及时追讨

发现客户拖欠业务款时，要及时追讨，避免因诉讼时效过期，而完全丧失权利。同时，根据对方的资产状况，适时运用诉讼保全措施。

8. 及时处理呆、坏账

享有对方资产的处分权时要区别对待，能变现的及时变现，能利用的尽早利用，能吸收的适当吸收（比如债转股），不可钻牛角尖。

9.3.2 催款时常碰到的谎言

（1）李小姐，我们的对账单没收到，你再传一次。——其实已经传了三次了。假装没收到。

（2）过几天付货款。——过几个月还差不多，都拖了几个月了，能拖就拖。

（3）最近资金周转不过来。——现在我不想付你钱。

（4）资金比较紧张。——其实一直都紧张，这次更紧张而已。

（5）现在生意难做。——生意一直都不好做。

（6）我叫财务安排。——自己就是管钱的，想再拖一段时间。

（7）财务请假了，过几天才回来。——财务一直在，没钱，所以要过几天。

（8）我帮你再申请一下。——早申请过了，公司没钱。

（9）我也想马上付啊，马上就出货了，一装船出了货就有钱付你们了。——做出口的公司总是这样说，可是他们的货好像永远都走不了柜一样。

（10）客户很快就付款了，款一到马上付给你。——其实自己根本不知道哪一天能收到款，假如他收不回款呢？

9.3.3　回收业务款4步曲

第一步　收款前的准备

1. 编制应收款管理表

销售人员应编制应收款管理表，与客户签订合同后，将有应收款项目的客户编入管理表中，方便对应收款进行统一管理。

2. 做好应收款的对账单和余额确认

销售人员针对客户编制“账目清单明细表”，详细记录交易日期、数量、单价、总金额、发票号、已付款、应收款、收款日期等明细资料，在截止还款日期前寄送给客户，方便对方收到后先行核对，也方便销售人员对应收款进行管理，提醒自己及时收账。

3. 了解客户付款习惯

销售人员在平时与客户打交道时，要多观察、多留意，掌握客户与结款相关的一切信息。

（1）结款时间。掌握客户公司结款安排是每天均可以结，还是每月或每星期只有固定的几天才可以办理结款手续。

（2）结款方式。客户公司是现金支付，还是转账支付。

（3）结款签字负责人时间安排。掌握客户结款签字负责人的坐班时间，以便及时得到他的确认签字。

（4）有无对账程序。有对账程序的，销售人员要预留时间准备好物流业务款往来的凭证供客户与其拥有的“副联”逐笔核对，核对无误后，方可办理结款手续。

4. 准备相关凭证

根据财务和对方对账要求，准备好签订的合同或复印件、对方收货或接受服务凭证、发票、收据、欠条等相关的凭证。

5. 事先预约

为避免对方准备不充分，销售人员去收款前，要事先预约，特别是款项比较大时，一定要和对方预约。如果贸然前往，可能会让客户措手不及而引起对方反感。

第二步　电话催款

准备工作做好后，即可着手催款了。电话催款对于物流公司和客户而言都十分方便，而且节约双方的时间和费用。电话催款良方：

1. 尊重客户，提出还款要求

打电话之前，调整自己的情绪，让自己保持好的心情，适当让自己处于弱势。俗话说：“欠钱是大爷，要钱是孙子。”话虽难听，确实也有一定的道理，试想，谁愿意听到冷冰冰的“还钱！”二字呢？只有保持好的心态，尊重客户，客户才会体谅你，愿意与你沟通，否则你不耐烦，客户会更不耐烦，更别提要对方还款的事了。

2. 准备业务款详细记录，随时查询

打电话前，核对给客户提供物流服务的历史记录和客户的付款明细，并放在手边，以便随时与客户查询、核对。

3. 选对催款时间

一般在合同约定的付款日期的前几天就可将对账单寄给对方，提醒对方合同付款日期；当客户近期有款进或资金比较充裕时，也是比较好的催款时机。由于企业一般会星期一布置一周的工作，因此一般不宜选择星期一去催款。当发觉客户心情欠佳时，也不易催款。在欠债人情绪最佳的时间打电话，他们更容易同你合作。例如下午3:30时打电话最好，因为他们上午一般忙着做生意，下午是他们点钞票的时候，一般心情都较好，此时催欠容易被接受。必须避免在人家进餐的时间打电话。午餐时间大约是上午11:45时到下午2:00时。一般经销商中午招待一下客人，喝点小酒，或午休一下，再加上午休起来还需要清醒一下，所以3:30时打电话最佳。此外，在客户进货后，估计他卖到80%后催还欠款的时机最佳，这时有钱，只要你态度坚决，怎么说也得还一部分。最后是月底到来时，有的客户考虑到公司结月奖时，有个大家都乐呵呵的局面，他也会还掉部分欠款的。

4. 找能解决问题的人

回收业务款必须找准谁能解决问题，一般而言会直接找与之签订合同的当事人，若当事人不在或离职，则必须找其直接分管领导。

5. 说恰当的话

咄咄逼人的话往往会激怒对方，对于回收业务款没有一点好处。销售人员首先态度一定要通情达理，处处为对方考虑，一般客户也会将心比心，及时回款。

对于态度不好、拖延不愿意还款的客户，我们可以直接告诉对方，要么跟我们的老总谈，要么跟我们的律师谈。另外适时保持沉默，此时无声胜有声，让客户猜不透你的想法或知道你的态度很坚决，客户也会自乱阵脚，尽早还款。

由于通过电话销售人员无法与客户面对面，客户的话有时无法辨别真假，所以当电话催款无法达到目的时，一般会采取上门催款的方式。

- 电话催款的局限性：

（1）不能看到客户的真实情况，不能当场施加压力。

（2）当客户不想被你“纠缠”时，客户很轻易就能挂断电话，或说负责人不在。

（3）很容易被客户找借口拒绝。

第三步　上门催款

当电话催款无法成功时，则可直接登门催款。上门催款时，销售人员可以直截了当，有话直说，在表明自己坚决态度的同时，做到有礼有节。

上门催款经常遇到的问题应对：

1. 客户扮可怜

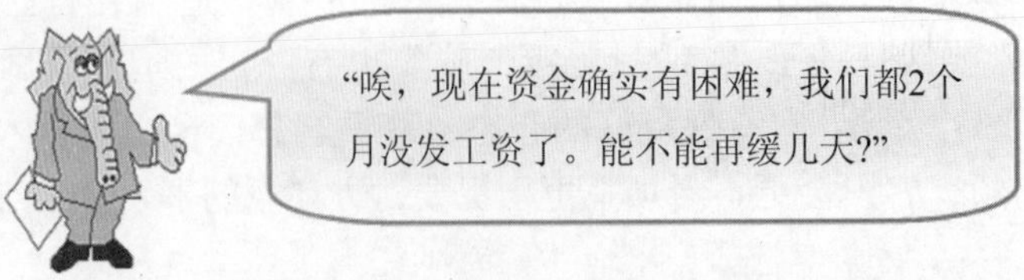

遇到这种情况，销售人员表示理解的同时，也要借机向他说明自己的为难之处，在诉说时态度要严肃，表明自己如果要不回款，后果也会很严重。

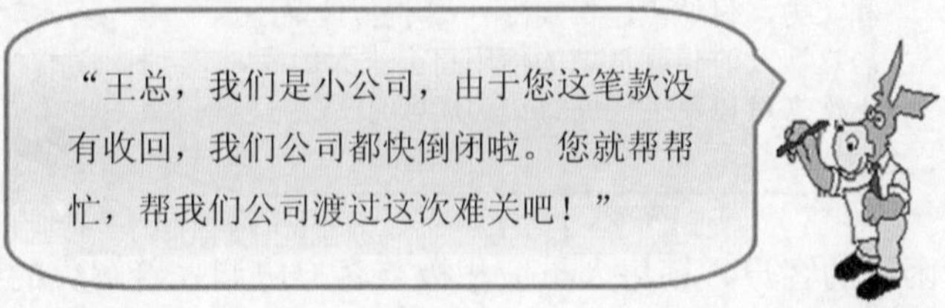

2. 客户借口某人不在

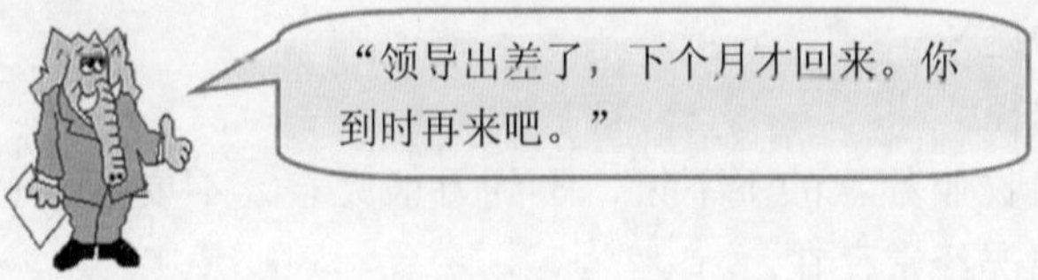

当客户说某关键人物不在时，你需要查实，确定关键人物回来的具体时间，并及时跟踪。如客户说：“老总出差要下星期才回来?”你要弄清到底星期几才回来，确定具体日期之后，告诉对方：“你们老总10月11日回来，那我10月11日再来!”如果只是对方的一个借口，则需要给对方施加压力。

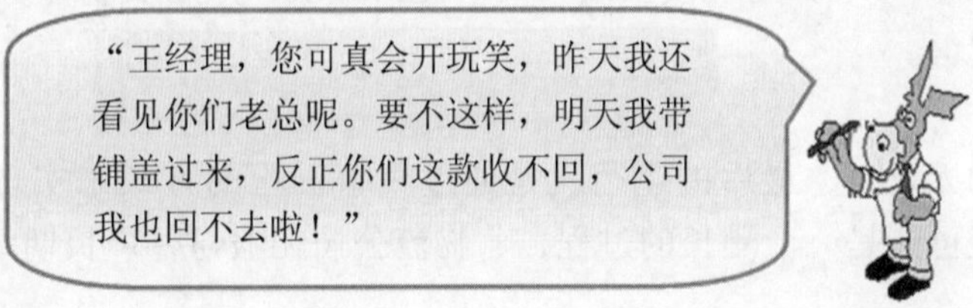

3. 客户故意拖延

客户故意拖延付款，销售人员不妨将其信息放大。如可以在其办公场所当着其员工和客户的面，要求他付款。此时他一般会顾及公司的形象而结清业务款。

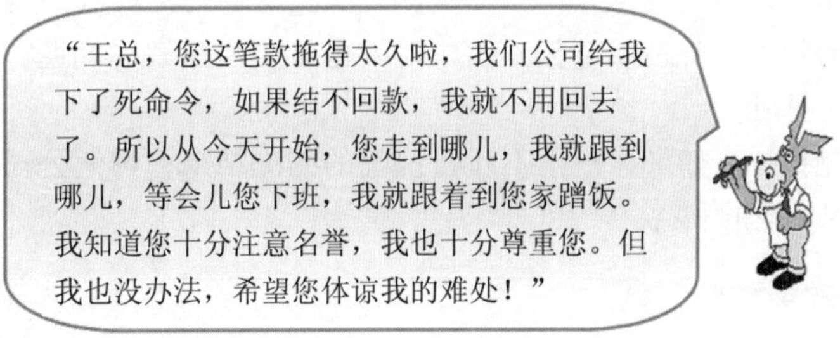

4. 客户向你诉苦，希望优惠

有些客户会向您诉苦，比如：“唉，最近产品销售不太好啊，资金有点紧。”或直接对你说能不能打个折或将零头直接抹掉，只给整数等等。这时，客户其实并不一定没有支付能力，更多的是希望得到更多的好处。销售人员要耐心倾听，多给他面子，激发其虚荣心，并告诉他及时付款将会得到什么样的长期利益。

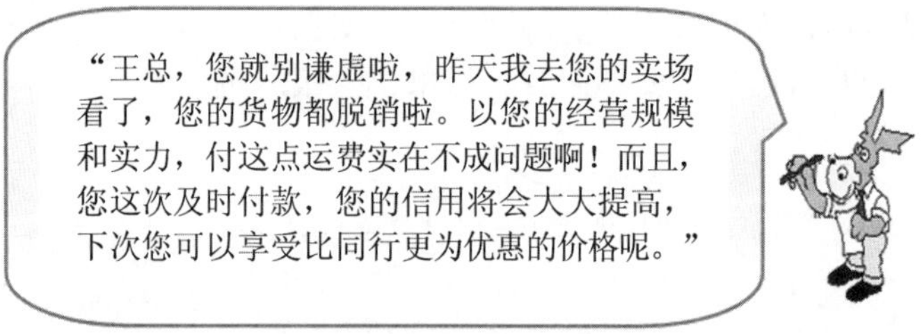

对于陷于经营困境的客户，销售人员应积极与客户协调妥善解决的办法，必要时要有所让步，同意“折成××一次清偿”或“分期全数付清”，尽可能减少损失。

如果客户拒不还款，又不协调解决办法时，销售人员需要掌握其财产状况，并保留相关证据，准备走法律途径。

第四步　法律途径

走法律途径是回收业务款的下下策，不到万般无奈，不要走这一步，因为“赢了官司，输了执行”的情况经常存在。

1. 申请“支付令”

客户恶意拖欠物流业务款，双方没有其他债务往来，公司无计可施时，可以向有管辖权的基层法院申请“支付令”。若客户未清偿，在收到“支付令”15时内没有提出异议，该“支付令”就具有与确定判决相同的法律效力，物流公司可以向法院申请执行。如果客户在收到“支付令”15日内对债权债务关系提出异议，该“支付令”就自行失效，物流公司需要另行起诉。

2. 起诉客户

若各种途径均无效时，最后的途径就是通过民事诉讼的方式来实现债权——起诉客户。因为法律途径可能是一个漫长的过程，若物流公司无暇与客户长期纠缠，可委托律师代为处理。

起诉客户过程中，应注意的问题：

（1）申请“财产保全”。为防止狡诈的客户在诉讼进行中，故意隐匿或处理财产，物流公司可在起诉前向法院申请“财产保全”，对客户的财产实施扣押，以保障自己的利益。

（2）运用简易程序。若款项金额不大，对方也希望快速解决问题，可以运用简易程序，以节省时间和费用。

（3）申请强制执行。如果客户拒不履行法院的判决结果，物流公司可以向法院申请强制执行，以确保企业的利益。

9.3.4　回收业务款4方略

1. 以柔克刚

以柔克刚就是若觉得客户是讲理之人，物流销售人员可“晓之以理，动之以情”，让客户体谅其难处，从而达到收款的目的。

在向客户“示弱”的同时，可以对客户诱之以利：“如果您现在付款的话，我们将送您一张VIP金卡，持有这张卡，以后办理业务可以享受9折优惠。”

这种动之以情、晓之以理的催款方式，既能让客户从内心接受，也不伤和气，方便以后继续合作，是物流销售人员最愿意采取的方法。但它有一定的局限性，因为不是所有的客户都是那么通情达理。

2. 以刚制柔

以刚制柔就是与客户死缠烂打，进行持久战，不达目的，绝不收兵。具体可采取以下方式：

（1）将客户所在公司的相关人员如物流采购人员、客服人员等牵扯进去，分化客户内部人员，若他们觉得脸上无光，肯定会产生抱怨，以引起客户关注。

（2）疲劳轰炸式催款，使客户不堪其扰，无心做事，主动找你协商解决。

（3）对于多次拒付业务款的客户，可以在大庭广众之下催款，但不要让客户无法下台。

（4）一定要显示专程收款的态势，临走前不能随口说“我还要到别家收款”等之类的话，以免造成客户拖欠攀比的心理。

（5）任何情况下都不要讲自己的薪酬待遇，以免客户认为你在赚他的钱，心里不痛快，更加不肯付款。

（6）若自己所在企业确有失误或不周到的地方，要向客户礼貌道歉。若需要自己企业处理，应立即与本企业相关人员联系，研究出解决问题的方法和时限，并当场向客户说明解决的办法，不留给客户口实。

（7）若客户发牢骚，自己也可把收款的烦恼向客户倾诉。

（8）反复强调客户有付款能力。

3. 以退为进

若客户油盐不进，而且态度恶劣，销售人员应及时撤退，以求他日再战，以免将局面弄僵，失去回旋余地。但离开前，销售人员要表明继续催讨的决心。

当对欠款的客户实在无能为力时，可采取以下方法：

（1）请上司或律师一同前往，既给足了客户面子，也让客户感受到公司对这笔业务款的重视。

（2）若公司设有专门负责滞延账款回收的部门，销售人员可以将无法收回的业务款的事移交给该部门代为处理。

（3）与公司商量，花钱请专门的“讨债”公司帮忙催款。

4. 以恶制恶

以恶制恶就是当客户“欺软怕硬”、“赖皮成性”时，销售人员可以通过“善意的恐吓”施以高压，促使对方遵照事先的约定清偿业务款。

“高压催款”不仅对双方以后的关系会有消极影响，而且若被其他客户得知，会遭到他们的反感和非议，因此不可轻易使用。

（1）确定以恶制恶的对象。若销售人员多次拜访，对方都设法逃避付款责任，而且根据过去交往的经验和其他人提供的信息，确定该客户具有“欺软怕硬”、拒不想付款的倾向时，可以对其考虑使用“以恶制恶”的策略。

（2）征得公司同意。在准备采取强硬措施前，销售人员要与公司商量，当大家都同意放弃这位客户时，销售人员再实施其计划。

（3）先礼后兵。在实施“以恶制恶”策略前，销售人员要给足客户面子，好言相商，做最后的努力，若客户仍执迷不悟，销售人员可直陈自己将采取的措施，如减少相应服务，甚至停止服务、取消优惠价格、断绝来往等，提请客户注意。

如：“我们一直很看重与贵公司的合作，双方以往的合作也比较愉快，最好不要让这笔对贵公司不值一提的款子影响了我们以后的合作。您说呢?”

如果客户对这些口头威胁仍无动于衷，销售人员可以改用“物流业务款逾期通知书”、“律师催收函”等书面方式继续催讨。

在书面信函中，可以直接要求客户在指定期限内结清货款，信函要坚决、强硬，甚至可以讲明，若客户仍不理会公司的正当要求，公司不排除通过法律手段解决的可能。

信函中，可以将“请”、“欠款金额”、“逾期付款”、“付款期限”等字眼以红色字体标出，以强调公司的不满和收款的决心。

9.3.5 回收业务款注意的问题

（1）催款应该直截了当。催款不是什么见不得人的事，也没有什么妙语，最有效的方式就是有话直说，千万别说对不起，或绕弯子。

（2）在采取行动前，先弄清造成拖欠的原因。是疏忽，还是对产品不满，是资金紧张，还是故意，应针对不同的情况采取不同的收款策略。

（3）直接找初始联系人。千万别让客户互相推诿牵着鼻子走。

（4）不要做出过激的行为。催款时受了气，再想办法出出气，甚至做出过激的行为，此法不可取。脸皮一旦撕破，客户可能就此赖下去，收款将会越来越难。

（5）不要怕催款而失去客户。到期付款，理所当然。害怕催款引起客户不快，或失去客户，只会使客户得寸进尺，助长这种不良的习惯。其实，只要技巧运用得当，完全可以将收款作为与客户沟通的机会。当然，如果客户坚持不付款，失去该客户又有什么大不了的?

（6）当机立断，及时中止供货，特别是针对客户“不供货就不再付款”的威胁；否则只会越陷越深。

（7）收款时间至关重要，坚持“定期收款”的原则。时间拖得越久，就越难收回。国外专门负责收款的机构的研究表明，收款的难易程度是账龄而不是账款金额，2 年以上的欠账只有 20% 能够收回，而 2 年以内的欠账 80% 能够收回。

（8）到经销户处登门催收欠款时，不要看到客户处有另外的客人就走开，你一定要说明来意，专门在旁边等候。因为经销户不希望他的客人看到债主登门，这会让他感到难堪，在新来的朋友面前没有面子。倘若欠你的款不多，他多半会装出很痛快的样子还你的款，为的是尽快赶你走，或是挣个表现给新的合作者看。

（9）不能在拿到钱之前谈生意。这时对方会拿还欠为筹码与你讨价还价。若你满足不了其要求，他还会产生不还钱“刺激”你一下的想法。此时一定要把收欠当成唯一的大事，如这笔钱不还，哪怕他下面有天大的生意在等着也免谈。让他看到你此行的目的只为欠款。在收款完毕后再谈下一轮合作或新的生意，这样谈起来也就比较顺利，你也才能有主动权。

（10）最大的失策之一是要求先付一部分款。经验证明，应该要求全额付款，虽说拿到一点总比一点没拿到好，却不如收回更多。

（11）采取竞争性的收款策略。只要客户还在营业，他总得向供货商付款。如果你没有收到钱，那他肯定先给了别人。获得优先付款机会的供应商通常是与客户保持长期良好业务关系和个人关系的企业，因为谁都不愿意跟朋友闹翻脸。

（12）收款要有“钻劲”，要有穷追不舍的精神。对债务人（业务当事人、主管负责人、财务负责人）实行“三紧跟”的战略，即紧跟在办公室里，紧跟在吃饭上厕所的后面，紧跟在下班回家的途中。虽说有些过分，但也是不得已而为之！滴水石穿，绳锯木断，有时确也可以起到“功夫不负有心人”的作用。

（13）收款要有“柔劲”。从道义上讲，欠别人的款，心有歉意，理应对债权人礼宾相待。但不少欠债单位，有的对你板着老脸，有的对你不屑一顾，有的甚至不让你进门！收债人此时就得屈尊就下，用兵之计，攻心为上，说尽人间好话暖语，赔上一个真诚的笑脸，对那“三种人”实施“情感投资”，精诚所至，金石为开。

（14）收款要有“韧劲”。清收欠款是一项长期艰苦的业务，讨债人要有一种坚韧不拔的毅力，哪怕别人无理地把你像打发乞丐一般，也须忍辱负重，坚守阵地。临阵脱逃，则会前功尽弃。看见了一丝曙光，就决不放过机会。同时要学会诉苦，不能同情对方，相反要让对方同情你。

（15）求助于专业收账人员或诉诸法律。总有一些骗子和不讲理的客户存心赖账不还，与他们讲理无异于“对牛弹琴”，采取正常的收款方法往往难于奏效，而一些不太正规、甚至别出心裁的催账方式则有奇效。因此，当收款难度较大时，可以请那些有特殊收款能力和丰富收款经验的“专业收账人员”去收账。如果此法仍不能奏效，剩下的唯一选择就是直接诉诸法律。

（16）在收到欠款后，要做到有礼有节。在填单、签字、消账、登记、领款等每一个结款的细节上，你都要向其具体的经办人真诚地表示谢意，以免下一次他故意找借口刁难你。如果只收到一部分货款，与约定有出入时，你要马上做出一副不依不饶的很生气的样子。但要需要注意的是，如果因对方的确没钱，也要放他一马，发脾气的目的主要是让他下一次别轻易食言。一般不能在此时去耐心地听对方说明。如客户的确发生了天灾人祸，在理解客户难处的同时，让客户也理解自己的难处。例如，可向客户说明因没收到欠款，公司已让你有一月没领到工资了，连销售部经理的工资也扣了一半。在诉说时，要做到神情严肃，力争动之以情。

9.3.6　催款兵法43计

（1）事先预约，定期拜访——盯紧收款时间是避免逃账的有效方法。

（2）聚众联手，合力制胜——寻找盟友一同给欠款人制造压力。

（3）近交远攻，逐个突破——以债务的轻重缓急确立收款顺序。

（4）假意恭维，以柔克刚——用恭维话套取欠款人的好感。

（5）曲线收款，以“情”制胜——与欠款人身边有影响的人建立关系。

（6）见缝插针，牵牛入巷——设法引起与债务人有利益交往者的同情。

（7）讨与不讨，取舍有道——充分估计讨债成本与讨债后果。

（8）从旁突破，借“梯”登天——利用“第三者”力量进行收款。

(9) 不动声色，围点打援——借助情报逼其就范的催款技巧。
(10) 登门拜访，直捣黄龙——直接将欠款人堵在家门口。
(11) 父债子还，一追到底——关于失去了当事人的收款策略。
(12) 陈述利弊，旁敲边鼓——巧算经济账使其醍醐灌顶的催款绝招。
(13) 抄其后路，以逸待劳——利用说客扰乱债务人的心理。
(14) 先礼后兵，步步紧逼——用“面子”做交易的讨债方法。
(15) 脸厚心黑，以赖制赖——以其人之道，还治其人之身。
(16) 欲擒故纵，坐等花开——不妨先给对方一点甜头。
(17) 不伤情义，委婉讨欠——向朋友催款既不失钱又不失友。
(18) 强势压头，逼其就范——以扬言中断合作使债务人屈服。
(19) 以退为进，舍小求大——一种舍卒保车的催款手段。
(20) 开辟“战场”，多路出击——善打“立体”战的收款方式。
(21) 放低姿态，以弱制强——硬讨不成来软招。
(22) 兵不血刃，攻心为上——不战而屈人之兵的收款方式。
(23) 循循诱导，巧用“糖弹”——巧用公关策略妙收款。
(24) 城门失火，河中捞鱼——在多家连带责任者中盯住“要犯”的手段。
(25) 各退一步，海阔天空——摆平利益不伤和气的收款高招。
(26) 伺机搅局，扼其咽喉——打乱欠款人的阵脚。
(27) 牵线搭桥，反客为主——通过企业兼并收款。
(28) 曲径通幽，代位收款——从与欠款人有债务关系的人身上想办法。
(29) 软磨硬泡，全场紧逼——让赖账人一刻不能安宁的讨款方法。
(30) 巧用天时，压仓回款——利用销售旺季向经销商集中回款。
(31) 寻找“内应”，为我所用——从内部攻克堡垒的收款方法。
(32) 无微不至，服务到家——以优质的服务提高回款成绩。
(33) 有的放矢，擒贼擒王——把主要攻击目标放在管事者身上。
(34) 审时度势，及时出击——把握住最好的收款时机。
(35) 锁定目标，疲劳轰炸——电话催款三要点：态度、技巧、意志力。
(36) 输血扶持，养鸡生蛋——适当添料好挤奶的收款方法。
(37) 媒体通报，制造舆论——借助媒体造势收款法。
(38) 外聘军师，保驾护航——寻求律师协助合法收款。
(39) 因人而异，看人下菜——针对不同的债务人采取不同的讨债对策。
(40) 剑走偏锋，避公就私——从债务人的私人生活空间着手催款。
(41) 以物抵资，等价交换——通过抵押物收取欠款。
(42) 借鼓震虎，行政施压——通过欠款人上级行政主管部门收款。
(43) 无钱有力，劳务抵债——以欠款人的劳务抵偿债务。

【实战训练9－2】

业务款回收模拟训练

训练目标：通过模拟训练，掌握回收业务款的方法和策略。

训练内容与要求：

（1）事先安排各小组撰写业务款回收的情景剧本，模拟销售人员采用所学回收业务款的各种方法进行催款训练；

（2）各小组进行现场演示，其他小组及老师进行点评；

（3）各小组结合点评完善情景剧本。

【重点回顾】

（1）物流客户成交信号及表现；

（2）及时化解不利信息；

（3）准确把握促成交易的时机；

（4）促成交易15法；

（5）物流企业内部条件分析；

（6）防范物流业务款回收风险；

（7）催款时常碰到的谎言；

（8）回收业务款4步曲；

（9）回收业务款4方略；

（10）回收业务款注意的问题；

（11）催款兵法43计。

参考文献

[1] 杨晶，张建军. 市场分析［M］. 广州：暨南大学出版社，2004.
[2] 李静芳. 现代物流管理［M］. 北京：清华大学出版社，2009.
[3] 董艳梅，朱传耿. 我国区域物流研究的现况与设想［J］. 重庆社会科学，2007（5）：8－12.
[4] 郑又新，马韵馨. 珠三角物流发展优劣势分析及策略研究［J］. 综合运输，2009（6）：49－53.
[5] 丁海鹰. 物流企业运营模式比较分析［J］. 综合运输，2007（5）：11－14.
[6] 董千里. 物流市场营销学［M］. 北京：电子工业出版社，2005.
[7] 尹彬. 现代推销技术［M］. 北京：高等教育出版社，2007.
[8] 王正哲. 一部电话千万的销售业绩［M］. 北京：北京科学技术出版社，2007.
[9] 周爱国. 物流客户拓展实务［M］. 北京：中国物资出版社，2005.
[10] 钟立群. 现代销售技术［M］. 北京：电子工业出版社，2008.
[11] 范云峰. 客户开发营销［M］. 北京：中国经济出版社，2003.
[12] 冯华亚. 推销技巧与实战［M］. 北京：清华大学出版社，2008.
[13] 张与驰. 商务催款规则与技巧［M］. 北京：中国商业出版社，2006.
[14] 李丽敏. 深圳物流市场需求分析及开发策略. 深圳：深圳大学硕士论文，2007.
[15]［美］小卡尔·迈克丹尼尔，罗杰·盖兹. 当代市场调研［M］. 范秀成译. 北京：机械工业出版社，2005.
[16]［英］罗宾伯恩主编. 市场调研技术手册［M］. 卢嫄译. 北京：人民邮电出版社，2005.
[17] 詹春燕. 物流营销基础与实务［M］. 北京：机械工业出版社，2006.
[18] 李祖武. 物流市场营销［M］. 北京：清华大学出版社，2008.
[19] http：//www. b770. com/wenku. html（中国营销网）.
[20] http：//www. 56885. net/（物流天下）.
[21] http：//www. clb. org. cn（中国物流招标网）.
[22] http：//www. 56pinpai. com/中国物流品牌网.
[23] http：//www. logclub. com（物流沙龙网）.
[24] http：//www. china－logisticsnet. com（中国物流网）.
[25] http：//www. ecm. com. cn（中国市场营销网）.
[26] http：//wiki. mbalib. com（智库. 百科）.